HOJAR ASCA

La Fea Burguesía
POESÍA

Murcia
2025

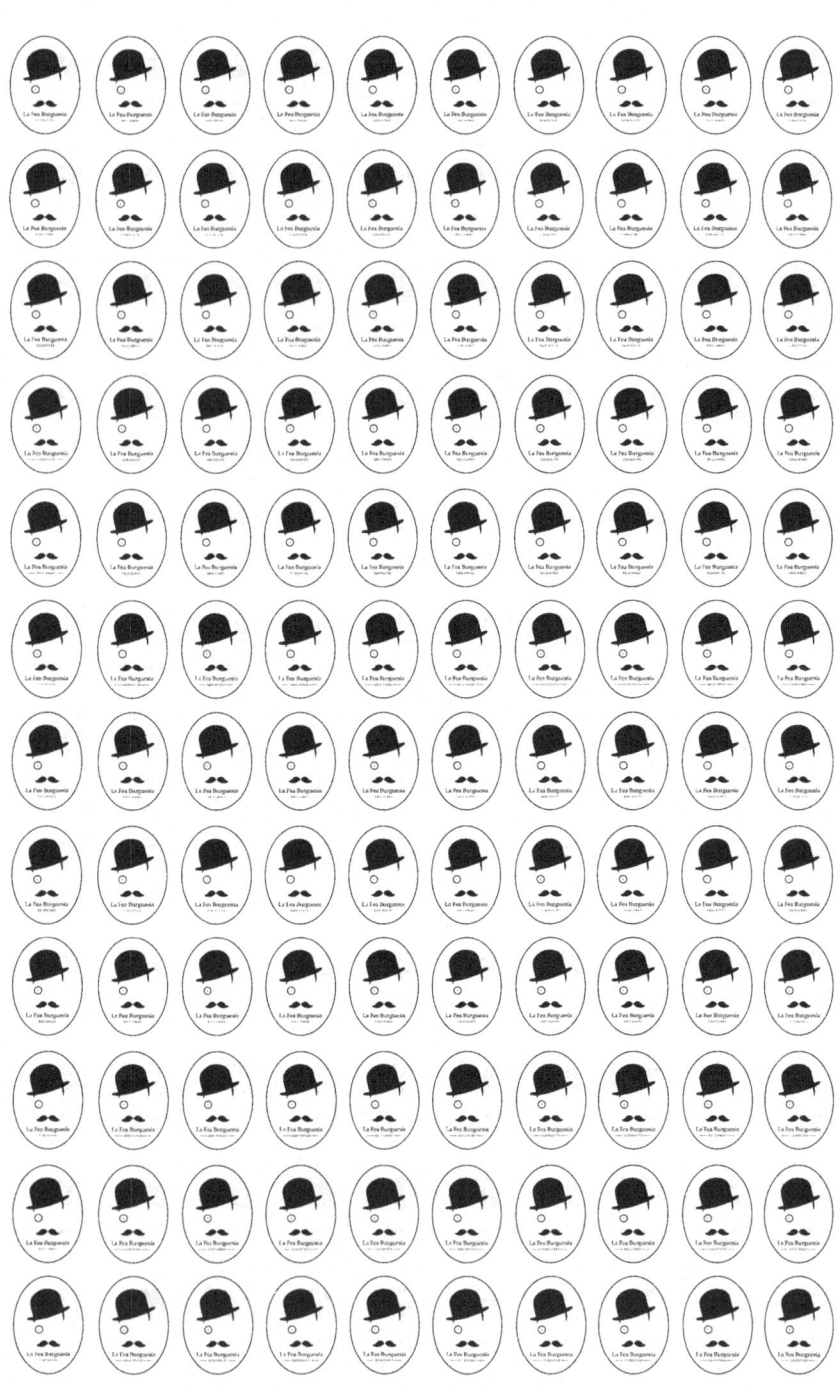

HOJAR ASCA

GINÉS ANIORTE

La editorial es consciente de la necesidad
de los recursos naturales para consumir cultura
y de la colaboración en la conservación del medio ambiente.
Así pues, por la impresión de este libro, ha plantado
una ciprés (*Cupressus*) en el paraje
de El Horno en Cieza (Murcia)

«Hojarasca»
© Ginés Aniorte, 2025
© La Fea Burguesía Ediciones, 2025
Grupo Editorial Tres y Libros, SL
Murcia, España.
www.lafeaburguesia.es

Cubierta: Cristina Morano
Maquetación: Fernando Fernández Villa

Primera edición: mayo de 2025
IBIC: DCF
ISBN: 978 84 129414 6 3
Depósito legal: MU 477-2025

Printed in Spain - Impreso en España

Índice

1
AQUELLOS, LOS DE ENTONCES

2
DEL TIEMPO Y SUS AFANES

3
AVE FÉNIX

y 4
INVENTARIOS

Hojarasca, como su nombre pretende sugerir, contiene aquellos poemas que, a lo largo de los últimos veinte años, se fueron cayendo de mis libros de poesía anteriores como se caen las hojas de los árboles. En mis paseos por la montaña o por la ciudad, he podido comprobar que muchas de esas hojas que al llegar el otoño encuentro en mi camino son más hermosas que las que aún penden de las ramas, tal vez porque, al brindarse a mi andar —desvalidas y llevadas por los caprichos de los vientos—, reconozco en ellas la suerte que me aguarda (no en vano son emblemas del destino de este mundo) y les confiero un sentido, acaso más noble, que las vuelve únicas. Algo así pasa con estos poemas que el lector tiene ahora en sus manos.

Es en el momento de entregar un poemario a la editorial cuando el temor a equivocarte puede hacerte perder la objetividad —en el caso de que el autor pueda ser objetivo con su obra— y acabas siendo víctima de tus inseguridades, negándoles la publicación a poemas que, con los años, has comprobado que merecía la pena haber incluido y, por el contrario, dándote cuenta de que otros no deberían haber visto la luz; cosas, por cierto, que no solo ocurren con los libros, sino que también encontramos en otros muchos órdenes de la vida misma. Pero como siempre se está a tiempo de hacer justicia, repito ahora lo que hice en 2013 cuando publiqué *Liquidación por reformas*, un libro que recogía —como hace este— parte de lo que había sido excluido con anterioridad.

Un día del verano de 2024, probablemente aburrido, se me ocurrió entrar en uno de los muchos lápices de memoria donde guardo, por precaución, cientos de documentos y fotografías, y aparecieron dos carpetas con el intrigante título de PROSCRITOS que, al abrirlas, comprobé que contenían poemas rechazados en su día. Fui entonces picoteando aquí y allá y, al iniciar la lectura de algunos de ellos, tardaba unos segundos en recordarme autor de los mismos, pues los había olvidado por completo. Fue como entrar en un mausoleo y presenciar la exhumación de unas cenizas que, al aventarlas e intentar reconocer su origen, iban cobrando nueva vida ante mis ojos. Resulta difícil describir la sensación que tuve al reencontrarme con estos escritos, que no eran sino espejos donde me reflejaba o donde, sobre todo, se reflejaba, conmovido, aquel que fui una vez. Me pareció que había sido severo al *proscribirlos* cuando los concebí y brotó en mí la idea de revisarlos y ofrecerles la oportunidad de defenderse y demostrar —o no— que me había equivocado.

Para ubicar en el tiempo a los pocos lectores que hayan seguido mis pasos en el discreto mundo de la poesía, diré que, de las cuatro partes que conforman este libro, la primera, *Aquellos, los de entonces*, está formada por poemas que deseché de *Nosotros* y que no incluí en 2013 en *Liquidación por reformas* por considerarlos faltos de bondades. He hallado ahora en esos poemas, siempre menospreciados, algo muy mío que me atañe mucho y que viene a avivar un fuego que creía ya extinguido y, en pro de esa autenticidad, he consentido las carencias que sigo advirtiendo en ellos. En la segunda parte, *Del tiempo y sus afanes*, incluyo poemas que se descolgaron de *Los azares* y de *El barco de Teseo*, pero hay, sobre todo, poemas sueltos que fueron apartándose de mí por causas que yo mismo no alcanzo a comprender; poemas que, por su temática quizá, porque reincidían en aspectos ya recogidos o por tratar de algún asunto especialmente íntimo y doloroso, no encajaban en los últimos libros publicados. La tercera parte, *Ave fénix*, es un poema de amor escrito recientemente de manera arrebatada, como supongo que se escribe todo lo que responde a una pasión de esa índole. Y se cierra el libro con *Inventarios*, unos poemas que se publicaron en un catálogo de arte y que ahora, eliminados muchos versos e incorporados otros nuevos, ofrecen una renovada perspectiva.

Libero, pues, estos poemas seguramente recluidos sin razón, esperando que cada cual inicie la andadura que los lectores le consientan.

G. A.

El sueño del pasado está siempre cumpliéndose.

EL MAR DE LOS FRACASOS

He venido hasta aquí, compañero, lector
—no a otra cosa he venido—,
para poner en orden mi memoria
y sacar a la luz cuanto ayer deseché
por razones que hoy
no logro descifrar con claridad.
De nuevo estoy aquí para exhumar las penas
que yo mismo enterré,
zurcir los descosidos de mis viejas palabras,
enmendar sus defectos,
                                inventariar el mundo
y ver qué saldo arrojan las cuentas del poeta
que el joven campesino,
un día, quiso ser contra todo pronóstico.
Es hora de tasar el valor de mi reino
—incluidos los daños que nunca denuncié—
y computar el rédito
de mis pobres y locas inversiones.

No a otra cosa he venido, te lo juro,
y con estos poemas que en tus manos yo pongo
cual racimos de uvas
que el tiempo ha madurado para dártelos,
a nada más, lector, compañero, te atrevas,
sino a pisar sus versos
en el lagar que es tu fantasía
y tanto me concierne

—por sentirla yo hermana de mi vano delirio—,
y salga de tus pies un mosto dulce
que el cielo torne en vino o en veneno,
en pócima que me haga rechazar
mi propia medicina,
en amargo brebaje que beben los que se echan,
sin esperanza, al mar de los fracasos.

A probar dámelo y, contigo,
emborrachémonos para olvidar.

Tal vez la poesía solo sirva para esto.

1

AQUELLOS, LOS DE ENTONCES

Lo perdido, al cantarlo, es más nuestro que antes.

DESLIZ

Aquel día de julio, cuando me levanté,
todavía ofuscado por el sueño
y el sopor de la noche,
supe que la cigüeña, y lo que para mí
significaba su presencia,
había venido muy temprano —cuando aún
las estrellas brillaban en el cielo—
a traer a mi hermana.
                         ¡No podía creer
que no me hubiesen despertado
para asistir a tan insólito suceso!
Me enfadé a la manera
de un adulto al que otro adulto miente,
y arremetí, llorando, contra todos los míos,
corriendo como un loco por la casa,
intentando entender tal despropósito,
pidiendo explicaciones.
                         Lo que para aquel niño
era pura atracción, deslumbramiento,
para ellos fue un hecho intrascendente,
acostumbrados como estaban
a recibirla en otras ocasiones.
Acaso nunca más pudiera verla
—pensé, desconsolado— porque nunca
volviera a repetirse ese prodigio.
Decían que aquel ser tan retraído y delicado
se mostraba tan solo
al cumplir la tarea encomendada.

Yo lo había advertido:
cuando ella llegase debían avisarme
y ellos me prometieron que, sin falta, lo harían.
Quería ver sus largas patas;
que mis dedos tocaran con fervor
la confortante seda de su tacto,
admirar la blancura de sus plumas,
su pico anaranjado con el que sujetaba
el hato en que el bebé
asomaba su endeble cabecita,
su mirar que redime
y te inviste de gracia.
Yo lo había advertido hasta el hastío.
Los días anteriores, fruto de la emoción,
fueron de un sinvivir insoportable.

Que si llevaba prisa
para hacer el reparto —me dijeron—,
que iba muy cargada y no podía entretenerse,
que alguien me llamó
y no me desperté.
                    No creí las excusas.
Da igual lo que pasara.

Después de tantos años, aún no he perdonado
aquel desliz a mi familia.

EL VIENTO

Cómo soplaba el viento aquella noche
sobre la vieja casa donde entonces vivíamos.
Los olivos que había frente a ella
recobraron la voz que tuvieron un día
y, mostrando su espanto, parecían gritar
pidiendo nuestro auxilio.
Una presencia hostil que, insolente, silbaba
una siniestra y tosca melodía
golpeaba con furia
en ventanas y puertas.
Mi padre estaba en Alemania,
y mi madre, que siempre se asustó
del viento y de los truenos,
iba de un lado para otro
susurrando plegarias apremiantes
que invocaban al dios que, de improviso,
azotó con su aliento nuestro sueño.
Desesperada y rota nos miraba,
incapaz de negar a sus ojos el llanto.
Temía que el tejado se fuera con la noche
y nosotros voláramos como leves cometas
dejadas de la mano de su dueño.
¿O temía tal vez
al alma desbocada de lo oscuro
que gemía, furiosa,
como un ángel caído y sin cordura,
capaz de sentenciarnos con su negra condena?

Cuando vino la calma, agradecida,
rezó durante horas mientras todos dormíamos.
Al despertar, la vimos muy cansada,
todavía el rosario entre sus dedos.

Sus oraciones fueron el fruto inmerecido
que el viento había sembrado
y el cielo recogía de sus fértiles labios.

EL SILENCIO

Cuando llegaba Nochebuena
había que matar un pavo blanco y grande,
acorde con aquella festividad del año
que venía a librarnos de la habitual rutina.
Mi padre y mis hermanas trabajaban,
así que no podía negarme a ser verdugo
y cumplir, con mi madre, el sacrificio
a que obligaba la costumbre.

El pavo está muy gordo y tiene mucha fuerza
—me prevenía ella, ya intranquila—
y hemos de estar seguros
de que, en el último momento,
cuando Dios me procure el necesario aplomo
para cortarle el cuello sin mirarlo,
no escapará, despavorido,
manchando con su sangre
el blanco de la cal de las paredes.

El niño aquel que, amedrentado,
ponía a prueba su entereza
y sentía una inmensa desazón
que le abrasaba el pecho
no decía ni mu y, con sigilo, respiraba
al son del animal, nerviosamente.
Atábamos sus alas con cuerdas a una mesa
que echábamos sobre él para inmovilizarlo,
tal si de una camisa de fuerza se tratase.
Yo presionaba con mi peso
para aplastar su cuerpo y evitar que sus alas,

en un empeño inútil,
imitaran el vuelo y pudieran herirnos
con su recio aleteo convulsivo.

Cuando mi madre y yo, al cabo, nos mirábamos,
decididos y cómplices,
y todo parecía estar bajo control,
ella, ocultando su inquietud,
con un atrevimiento que me sobrecogía,
acuchillaba el cuello del ave resignada
y, de pronto, la vida, se quedaba en penumbra.
Mi corazón, en vilo, agitaba su pulso
y era como si el mundo se hubiera detenido
en señal de respeto
ante aquel pavo blanco que adquiría
la nobleza de un cisne.
En un intento vano por escapar, el pobre,
ansioso y angustiado —y exhibiendo un arrojo
que podía igualarse a la osadía de mi madre—,
se quebraba las alas
que quedaban inertes en el suelo,
mostrando los muñones
de sus huesos rosados,
huesos vivos expuestos a la luz
de una mañana taciturna
que no recobraría la calma hasta la tarde.
Y la sangre, caliente y delatora, brotaba a borbotones
manchándonos las ropas y la cara,
ahogando el corazón del niño que se sabe ejecutor
de un estrago legítimo.

Jadeaba con brío el animal,
que parecía estar conmocionado,
e, incapaz de emitir gemido alguno
—un pavo en ese trance nada muestra—,
aterrado, ofrecía un silencio espantoso
que enunciaba su horror y me anegaba
de una culpa sin nombre.

Un día, yo seré ese sacrificio
que la vida, puntual, ofrende al tiempo,
y sabré del silencio que aquí narro
y tanto me hirió entonces.
Mudo y sin voluntad,
no podré declarar mi inconformismo,
la ira de mi alma rebelándose,
y al fin entenderé —hoy tan solo lo intuyo—
que nunca habrá palabras capaces de expresar
lo que el silencio aquel y mi silencio.

NADA

(1960)

Antes de aquel enero en que nací,
¿acaso no era un muerto el que ahora escribe,
un nadie que en la Nada se perdía,
ajeno a los vaivenes de este inútil teatro
que no echaba de menos mi presencia?

Memoro aquellos días, cuando niño
—cautivo ante las luces de algún cine—,
al descubrir, absorto, en la pantalla
el año y la ciudad en que la escena transcurría,
por ejemplo, París, 1930.
Y yo sentía entonces invadirme
la extraña certitud de quien comprende
que en el año en cuestión no andaba por aquí,
lo que me vinculaba con los muertos.

Vine a este mundo desde la otra orilla,
luego, aunque no abrazase mi memoria
un recuerdo tan solo
de aquella eternidad que precedió a mi nacimiento,
no era del todo cierto que yo no hubiera estado
en aquel inframundo
de donde nadie regresaba,
                              pues de allí provenía
el fogoso latir del corazón
que palpitaba bajo el pecho
—así pensaba el niño aquel
que ya entonces hurgaba entre lo oscuro
con la incoherencia propia de su edad,
e igualaba su origen con su negro destino—.

Y si nada importaba
el que él no viviera cuarenta años antes,
por qué, después de todo, habría de importarle
volver a ese lugar de donde procedía,
que era el eslabón
que engarzaba el final con el principio,
donde todo sería como un sueño profundo
sin dicha ni pesar.
                              ¿Qué mal había en ello?

Y en estas espinosas reflexiones
se fue enredando mi razón
que llega malherida hasta estos días
en que escribo y os digo a la manera
de quien, al recordar aquello,
de pronto se descubre en la piel de aquel niño
que aún se hace estas preguntas tan insólitas
y pretende espantar su desazón
y busca, inútilmente, consolarse.

EL ALJIBE

De niño, me gustaba
mirar —desde este lado de la vida—
el fondo de un aljibe
anchuroso y oscuro, y tirar una piedra
y esperar que cayera en lo profundo
para que el eco resonara,
propagando un terror insinuado
que se hacía presente en el vacío.
Y que mi corazón aligerara el paso,
asomado al abismo de su hondura.

Con el tiempo, he sentido la misma desazón
cada vez que mi alma
se siente como un pozo
porque, de pronto, Alguien
a ella arroja desde lo alto
una piedra invisible
que, al caer, no retumba,
y aun así me ensordece
un callado zumbido
que dice de una Ausencia y mi zozobra.

EL MAGO

Cuando yo era un muchacho, persuadido
por el arte secreto de los magos
que especiaban la vida con su ingenio,
compré un libro de magia.
                    La fantasía, a esa edad,
es un lugar que suele frecuentarse
para llevar a cabo los sueños imposibles
y escapar a menudo
de la insolente realidad
que hacía naufragar nuestros deseos.

Aprendí a hacer trucos
que a menudo lograban seducir,
aunque fuera tan solo a mi familia
y a los amigos más ingenuos.
Asombraba a mi padre trampeando con cartas
cuyo efecto le hacía sonreír
—no sé si era orgullo de su hijo
o mera complacencia—.
Hipnoticé conejos y gallinas
(estaba de por medio
la presión en las venas yugulares)
ante un público absorto
del que siempre dudé de su franqueza.
Llegué a memorizar
cien palabras, que luego repetía
al revés y al derecho,
y conseguí ganar muchas apuestas,
además de respeto y, acaso, admiración
—eso creía entonces—.

Con el paso del tiempo, mis ardides
fueron perdiendo gracia
y no me interesaron, al descubrir un día
su miserable beneficio.
                             Es normal que los años
te devuelvan al mundo,
falto de ilusionismo y embeleso,
pero más provechoso en pasiones inútiles.

Lo que echaba de menos en el libro
era el truco soñado
desde siempre:
                          contar hasta tres y esfumarte
para luego, de pronto, aparecer
entre grandes aplausos
traspasando el umbral
de una nube de humo,
mientras se oye una música solemne.
Los magos más audaces lo consiguen.
Yo era un aprendiz
y, a pesar de que entonces no pude realizarlo,
sabía que la vida —que tiene mucha magia—
acabaría alguna vez
realizando conmigo tan arriesgado número,
aunque, algo temeraria y despistada,
quizá lo lleve a cabo sin antes ensayar
u olvide formular los precisos conjuros
y, al cabo, como siempre,
                             le salga mal el truco.

EL MAR

Mi abuela se murió sin ver el mar.
La queríamos todos
—dicho así queda bien, no entremos en detalles—,
pero ninguno de sus hijos
o de sus nietos reparó
en que aquello tuviera la menor importancia.
El mar no aportó nada a la familia;
al fin y al cabo, nadie
fue pescador ni obtuvo
del mar un beneficio.
Tampoco pidió ella jamás que la llevaran,
y ambos pudieron ser el uno sin el otro.
Como yo puedo ser, lector, sin conocerte,
y tú, sin conocerme.
Pero ¿qué habría dicho mi abuela al ver el mar?
Y yo, de ti, ¿qué habría pensado
si alguna vez te hubiese conocido?

EL RAYO

Siendo joven mi madre y aún soltera,
en aquel caserón de campo en que vivía,
un domingo de agosto cayó un rayo,
o quizá fue una *chispa* —así lo narra hoy—.
Cuando la vida pende de un hilo y es tan frágil,
entre una cosa y otra quién halla diferencia
si en ambas se descubre y se cifra la muerte.

Fue a mediodía y todos estaban en la casa,
cada uno afanado en sus asuntos.
Mi abuela preparaba la comida
cuando un trueno muy seco y despiadado
le quitó de las manos la sartén,
mientras ella soltaba un alarido
llevada por el susto,
y a punto estuvo de desvanecerse.
Todos quedaron sin aliento y, de algún modo, alterados.
Lo que demonios fuera aquello
vino a entrar por la puerta
para estrellarse luego contra un muro
y tiznar, con su lumbre, el blanco de la cal
que se encontró de frente.
Encauzado por no se sabe qué secreto ímpetu,
giró después a la derecha,
fue a parar a una cuadra y allí fulminó a un cerdo
que pensaban vender y al que acababan
de darle su brebaje.

A pesar de los años que han pasado,
ella sigue contándolo así, de esta manera,
con velada inquietud
y en este mismo orden; incluso yo diría
que con idénticas palabras.
Lo que pasara allí en tan solo un instante
es una historia larga si sale de sus labios,
que tiemblan todavía con la debilidad
de quien recuerda aún la conmoción.

Luego, repuestos del suceso
y asumiendo el estrago —qué otro remedio había—,
acudió el matarife y aprovechó la carne
del animal, que fue sacrificado
por algún dios incauto y sin escrúpulos.
Durante tres o cuatro días
celebraron el trágico incidente
del que al cabo salieron ilesos, por fortuna.
Quiere decir mi madre, a su manera
—cuando cuenta esta historia—,
que en cualquier aflicción hay a veces un germen
que acaba sorprendiéndonos
al tornarse alegría.

LA SOGA

Descubrieron el cuerpo
que colgaba de un árbol,
y la triste noticia
azotó a todo el mundo,
tal si fuera una noche
que viene en pleno día
a imponer su dominio.

Qué terrible momento
el de elegir la soga
—me decía al ponerme
en el lugar del otro—.
No ha de ser nada fácil
escoger la adecuada.

Que pueda atarse al cielo
y se agarre a su bruma;
que, aunque sea un instante,
sea capaz de aguantar
el peso de la vida,
y que, al fin, por el peso,
el cielo se derrumbe
por redimirme a mí,
aplastando a los míos.

PARALELISMO

1

Mi padre ha sido un hombre
de ocupaciones varias:
es verdad que no pudo elegir de entre muchas,
porque la suerte escoge tu camino
según sea el origen de tu nombre
y el estigma que marca el destino en tu frente.
Yo siempre lo entreví bregando en mil afanes
y entregado al azar
que lo guiara de un lado para otro,
sin lamentarse nunca;
es más,
      había siempre en sus ojos azules
una antigua alegría sin razón,
cuyo impulso acababa contagiándote.
Asfaltó carreteras allá por Alemania
y trabajó en el campo
de sol a sol, incluso los domingos
que ofrendaba a su huerto,
al que siempre mostró su adoración sin límites;
sin olvidar los años que estuvo en la cantera,
expuesto a los peligros de la pólvora
que abría el corazón de la montaña.

Hace ya mucho tiempo fue *marchante*
que trataba la compra de ganado,
sobre todo, de cabras y ovejas deslucidas
que vendía después en mercadillos,
recuperadas de su lánguido semblante.

Nos cuenta que, una vez, por cuatro duros,
compró un burro muy flaco, de aspecto demacrado,
y lo llevó a la cuadra de la casa
para que allí doblara su valor,
después de las severas atenciones
que el nuevo dueño habría de procurarle.

Tuvo que entrar el animal —nos dice—
por un pasillo estrecho,
única entrada, entonces, de la humilde morada
que fue la sola herencia de mi abuelo Tomás,
que, dicho sea de paso,
apenas tiene un hueco en mi memoria
por ser bastante agrio y desabrido.

El esclavo más viejo de este mundo
se vendería luego, ya repuesto
de aquella delgadez propia de los fantasmas,
para que diera así su beneficio,
y por ello fue bien alimentado
con la mejor alfalfa y hierba seca
que mi padre sembraba en las pocas tahúllas
que eran propiedad de su familia.

Cuando llegó la hora
de obtener rendimiento del negocio
—y después de imponerle aquella dieta
que consiguió realzar sus enjutos perfiles
y dar brillo al pelaje—,
                              el burro, que era otro,
fue obligado a salir
del diminuto establo en que pasó dos meses,
pero ya no cabía por el angosto pasadizo
por el que tiempo atrás entró sin más problemas,
y el jumento, angustiado,
se negaba a salir y rebuznaba, inquieto,
al verse en tal apuro,
a pesar de los muchos empujones
que le daban, tratando de ayudarle
a sortear el contratiempo.

Pero mi padre —que siempre fue muy astuto—,
a modo de corsé, rodeó unas correas
al vientre de aquel asno,
y poco a poco fue apretándolas
hasta que al fin logró ceñirlo
y estrechar su figura
—no sin dificultad— y superar el trance.

Lo vendió por diez duros y ganó más del doble.

y 2

Hoy mi padre nos cuenta
este episodio tan gracioso
al final de una cena de familia,
y, entre risas, se advierte en su mirada
un claro y confortante regocijo
del que me hace partícipe.
Mas yo —que le he escuchado atentamente,
y ha logrado arrancarme una sonrisa—
no consigo evitar al hombre melancólico
que llevo muy adentro
y ve sombras allá donde otros ven luces,
y, de tan cómico relato,
hago un paralelismo y extraigo una lección,
aunque algo retorcida:

Con el cuerpo sin mácula
nacido de la hondura de una madre,
el alma llega, escuálida, a este mundo;
apenas se resume en la apariencia
de un germen invisible, que es origen
de una esencia más alta
—que la imaginación dibuja con esfuerzo—,
de la que no sabemos su forma ni su fruto,
más la vida la ceba
con sueños y esperanzas imposibles,
espigados deseos
que el tiempo, con su filo, acabará segando.

En vano la atracamos de ilusiones
y, un buen día, al querer salir por donde entrara,
camino del ansiado paraíso,
con sorpresa descubre
que no cabe tampoco por el pasillo estrecho
que exige, al recorrerlo, no llevar más bagaje
que la desnuda fe
o la horrible promesa de la Nada.
Se convierte en fracaso su ambición
por alcanzar, dichosa, la otra costa
donde se hagan verdad los anhelos de su amo,
y se queda varada, pensando, con tristeza
qué inútil transacción hace la vida,
pues nunca recupera lo que invierte;
que este mundo es, al cabo, un negocio infructuoso.

DRÁCULA

De entre todos los miedos de mi infancia,
yo elijo tu mirada y el vaho de tu aliento
justo antes de morder
en el cuello inocente de tu víctima,
que semeja el candor de una gacela.
Como la vida eres, sombrío y seductor,
codicioso, insaciable;
                              como yo, ángel caído.
Cómo me atrae tu desventura,
mi enemigo más grande de las noches
sin fin en que tu rostro
proyectaba su horror en mi alma de niño.
Cada vez que te pienso,
todavía me hielas la sangre, me estremeces
y, a la vez, me confortas
al sentirme tan vivo, tan igual al de entonces.
Qué ha sido de mí, dime,
hoy que ya no te temo como antes,
porque sé del envés
que los días aquellos me ocultaban
y que es aún más negro
que tus sangrientas intenciones.

LAS PALOMAS

De pequeño, yo amaba las palomas.
Llegué a tener cuarenta por lo menos
y andaba siempre contemplándolas,
reprimiendo las ganas de ofrecer a mi tacto
la sedosa caricia de sus plumas
por miedo a lastimarlas.
Construí palomares con cajas de madera
que colgué por el patio tal si fueran altares,
donde ellas vivían —como supremas diosas—
y a las que yo ofrendé mi devoción,
aparte de mi amparo y de mis atenciones.
¡Mi alma se crecía con aquellas presencias
que adornaban el mundo y procuraban
alimento a mis días!
                    Su zureo era música
en el sopor callado de la siesta,
y sus vuelos pintaban caminos en el aire,
donde mis ilusiones
ponían su esperanza aún sin mácula.
Con ellas todo era equilibrio y mesura
hasta que un día, de repente,
su control escapó de mis manos de niño.
Había huevos por doquier,
huevos que contenían en su seno el milagro
que solo a mí me conmovía,
y de los que nacían delicados pichones
de ternura indecible,
que entonces yo arrullaba
en el hueco pequeño de mi mano.

Mis palomas, que eran las alhajas del cielo
—y volvían festivos los días laborables—,
fueron multiplicándose
hasta que yo no pude asumir su costoso
y básico sustento, y mi padre se vio
obligado a actuar y ordenó su expulsión,
declarándolas *plaga*.
Como nadie les quiso dar asilo,
se hicieron sacrificios sin que yo lo supiera,
y algunas fueron la razón
de sustanciosos caldos
(qué sucio reflejar en estos versos
la descripción de aquellos cuerpecitos
despojados de luz
que, aun así, traslucían su inocencia,
y cuya evocación
se me muestra imborrable).

                              Entre gritos y lágrimas
apelé a las conciencias de los míos
y supliqué la gracia de su indulto,
que me fue concedido por piedad.
A aquellos seres indefensos
se les abandonó a la buena de Dios
y, al cabo, fue el destino el que falló sentencia.
El crimen era el mismo,
mas sin sangre a la vista.

Se les negó el afecto, el agua y el maíz,
y así fueron a menos y yo iba con ellas
despertando del sueño
en que estaba sumido.
Acostumbradas a mi trato
—sin nada que llevar a sus menguados buches—,
morían escondidas y olvidadas,
y algunas se marcharon, arriesgando sus vidas,
por escapar del campo de exterminio
que había sido nuestro patio.
Yo lamenté su éxodo,
pero, pronto, los sueños de la infancia
se cambiaron por otros,
y olvidé el episodio que aquí cuento.

¿De veras lo olvidé?

Bien sé que aquello fue el ensayo
de una obra que hoy se representa.

DIGNIDAD

Yo sabía de sobra que mi abuela
estaba muy enferma, al borde de la muerte,
pero el joven huidizo —que todavía iba
enredado en el duelo de su hermana—
se inclinó por hacerse el loco e ignorarlo
para así retrasar su desconsuelo.
Ya entonces entendía
que el territorio de la muerte
es un nubloso cenagal
de donde no se sale siendo el mismo.
Mi padre se dio cuenta y me advirtió:
—Si quieres verla viva tendrás que ir ahora,
mas has de apresurarte.
Yo sé que ella quiere despedirse de ti
y tú lamentarás no complacerla.

Ya no pude asumir mi cobardía
y afronté con valor el desafío.
Quise a mi abuela con locura,
aunque jamás lo supo nadie.
                    Nunca le di un abrazo
ni obtuvo de mis labios las palabras de afecto
que yo le hubiera dicho complacido:
desacierto, que es herencia de familia.
La besaba en su santo, eso era todo,
pero estoy convencido de que ella siempre supo
de mi secreta adoración.

Aquella tarde fui a verla
como quien se dirige, cabizbajo, al cadalso.
Mi abuela agonizaba
rodeada de gente.
                    Los ojos, muy abiertos,
eran de una gacela herida y temblorosa;
el color de su tez era de mármol lívido
y tenía la boca muy abierta: no era ella, sin duda,
sino una sombra turbia y deformada
de la mujer enérgica
que no se amedrentase ante la vida.
Con qué dificultad
respiraba aquel aire tan denso de la estancia
que parecía oler a las rosas que aún
no se habían cortado para ella.
Y entre resuellos lúgubres de indescriptible angustia,
que olvidé y hoy recuerdo al escribirlo
—intensos fogonazos con los que se alumbraba
para buscar a oscuras el camino de vuelta
por el que en realidad avanzaba hacía tiempo—,
yo me planté, asustado y muy nervioso,
delante de la cama, que era un barco
a punto de zarpar hacia el Olvido,
sin saber qué decir y, al entreverme,
todavía abrió más sus ojos desvelados
y vi brotar sus lágrimas que hablaban,
aunque no supe bien
qué apremiante secreto me querían confiar.

¿También ella intentó decirme lo que nunca
se atrevió a confesarme?
¿O quizá pretendía defenderse
de una amañada acusación?
No sé qué pudo darme la fuerza necesaria,
pero tuve el coraje de acercarme
y cogerle la mano —que era un puño apretado—
trasmitiéndole al cabo con mi pulso
cuanto antes no fui capaz de transmitirle.
Fijó en mí su mirada zozobrante,
y, en forzoso silencio, su expresión
vino a mostrarme la vergüenza
de quien, de pronto, se descubre
desnudo y humillado mientras alguien lo mira.

Aquello no era nuevo para mí,
pues ya sabía que la muerte,
poco antes de darte su atribulado abrazo,
te despoja de toda dignidad,
haciéndote saber la condición de siervo
de la que en vano siempre renegaste.

EL CIEGO

El ciego desvalido apoyaba su mano
sobre el hombro de un joven, casi niño,
y se ganaba el pan vendiendo
la entrevista esperanza —de la que ellos carecían—
cifrada en los cupones de la ONCE.
Con lluvia o sol vagaban por las calles
de un pueblo que era el mío,
uno ligeramente adelantado al otro,
día tras día, súbditos
de la hastiada costumbre,
el mismo precipicio en sus miradas.
¿Sobre el hombro de quién
apoyo yo mi mano cuando escribo
para apenas ganarme la mísera ilusión
de estos días que intuyen su infortunio,
y qué engañosa suerte —por segura—
puedo llevar a quien se acerca a mis poemas?

LA ENFERMERA

Si estábamos enfermos,
las inyecciones, en mi casa,
las ponía mi madre, aunque no era enfermera.
Su estilo era preciso, de un rigor impecable;
nunca hubo un reproche
en quienes se expusieron a su innata pericia,
y aquello reportaba una ventaja:
si la gripe lograba someterme
yo podía, aunque en vano, retrasar
el momento terrible
que había de llegar, inevitable.
Dentro de un rato —le decía— y mi madre aceptaba
mientras seguía en sus labores.
Podía retrasarlo incluso media hora, a veces más.
¡Con cuánta intensidad, con qué impaciencia
vivía esos minutos
que tanto me amargaban!
Todavía es temprano —gritaba yo, si presentía
que el rito de mezclar el contenido
de la ampolla en el frasco
de la penicilina andaba preparándose.
Al final, un silencio
auguraba el funesto desenlace.
El olor del alcohol
llegaba amenazante hasta mi cuarto,
y mi madre, muy seria y decidida,
llegaba, aguja en ristre, por sorpresa.
No había apelación posible.

Yo me daba la vuelta y mordía un pañuelo,
para qué —todavía me pregunto—.
Empapado en alcohol,
un algodón que, al tacto, hería,
me acariciaba el glúteo
y yo, inconscientemente, contraía los músculos,
mientras se apresuraba el corazón.
Como no te relajes vas a quebrar la aguja
—decía la enfermera, ya enfadada,
y me daba un azote—.
Yo no sabía nunca si la aguja entraría
tras el primer contacto del algodón helado
o si acaso lo haría tras el séptimo.
A mí me parecía que era siempre a traición.
Claro que, cuando había frotado ocho veces,
la cosa estaba clara,
y entonces parecía que mi mente
se cubría de densa y fría niebla,
y mi pecho, de pronto, era un hipódromo
de salvajes caballos al galope.

A veces, en la vida,
abrazo la inequívoca sospecha
de que los días frotan con su paso
—al igual que lo hacía el algodón—
una zona concreta de mi alma.
Llevo así mucho tiempo,
así que un día de estos, cuando menos lo espere,
me clavará su estoque.

MIRADAS

A mi padre jamás supe mentirle.
Al mirarme a los ojos,
apartaba la bruma
tras la que a veces yo intentaba ocultarme,
y me exponía a la verdad
como si me arrancara, sin violencia,
el inútil escudo
tras el que el aprendiz de mentiroso
intentaba ampararse.
Nada más requería para hacer abortar
mis posibles engaños.
El silencio es idioma
si quienes callan son expertos en el arte
de descifrar miradas, desnudándonos
de todo fingimiento.
                Aún hoy somos hombres
de muy pocas palabras.

¿Necesitan hablar quienes se intuyen?

EL VENDEDOR DE JOYAS

El vendedor de joyas venía los domingos
a eso de las once,
cuando un aire festivo instalaba en el pecho
una incierta promesa
que nunca habría de cumplirse,
pero que procuraba confianza en el mundo.
Llegaba en una vespa cargada de tesoros
que intentaban suplir
la falta de otros bienes impalpables
que entonces no podían concebirse.
Su sonrisa mostraba el destello que emite la fortuna,
y, al saludar con aire distinguido,
se advertía en sus ojos un brillo similar
al que exhibía el oro que el maletín guardaba,
esperando cegar con sus deslumbres.
Sobre la propia moto
extendía unos paños de terciopelo negro
que hacían resaltar el resplandor
de los falsos valores,
y mostraba relojes y pulseras,
cadenas y colgantes,
anillos, broches y pendientes
de perlas que a luz de la mañana
se encendían tal ascuas, asombrándonos
y viendo en aquel brillo cierta similitud
con los más vivos sueños del futuro.

Acudían entonces las vecinas
para comprar alguna alhaja
que lucían los hijos, sobre todo,
y que pagaban siempre a plazos.

El vendedor de joyas
llegaba otros domingos y no vendía nada,
pero cobraba siempre
las deudas contraídas del pasado,
a pesar de que todos, en el fondo,
fueran conscientes de la farsa
que desenmascaraba la impostura.

Han pasado los años
y el vendedor de joyas, que es el mundo,
hoy viene cada día
a llamar a mi puerta
con la misma sonrisa de aquel hombre de entonces.
¿Qué diamante o qué sueño
he comprado a la vida y he perdido,
pero sigo pagando puntualmente,
seguro de que nunca
liquidaré mi deuda?

LA ESTRELLA

Por el cielo corría una estrella fugaz
y pedíamos todos un deseo.
No sé por qué razón
mi deseo era siempre
ver correr otra estrella.
Si el cielo, sordo entonces,
me hubiese complacido,
los demás hoy serían muy felices.

LA CASA EN RUINAS

Qué desolada y sola
la casa aquella derruida
en la orilla del río, abandonada.

Los juegos de la infancia nos llevaban a ella,
y entrábamos buscando los fantasmas del tiempo
que una vez la habitaron.
Bajo los pies crujían los escombros
al andar cauteloso
de nuestros pasos indecisos.
El corazón latía más deprisa
allí donde la sombra invadía la estancia
velando las ausencias,
y el eco imaginado de una voz
resonaba, inquietante, en los oídos.
Mirábamos los muros
buscando los estigmas del ayer
que guardaban secretos,
y en el aire, un aroma rancio y húmedo
evidenciaba el paso de los años,
y se turbaba el corazón,
preso de aquel misterio no descifrado aún.
Entonces yo era un niño que creía
que cualquier casa en ruinas era algo
semejante a una tumba profanada
donde el muerto se esconde
a los ojos del vivo.

Hoy la casa ha cambiado de apariencia
y es ahora más grande, y yo diría
que, incluso, más inhóspita
que aquella otra que arrasara
de igual manera la insistencia
del tiempo y de la luz.
                Es otra y es la misma
que entonces me aterraba, aunque yo haya crecido.
Tiene un cielo estrellado que la cubre,
pero ya nada puede devolverle
a los muros ruinosos que me acogen
la gracia y la blancura de los años aquellos
en que yo contemplaba, con el alma de un niño,
las miserias ajenas de la vida y del mundo.
Hoy me siento un fantasma entre sus piedras
y resido al amparo de la sombra
que proporciona, intacta, la costumbre.
No hay voz alguna que, aunque falsa,
resuene y sea capaz de redimirme,
y me sigue asustando, acaso más,
pensar que ahora es una tumba
donde los muertos viven.

Qué desolado y solo
este mundo derruido
en la orilla del tiempo, abandonado.

LA JAURÍA

Mi pueblo, entonces, era solitario,
sobre todo, al caer la tarde en el invierno,
cuando el frío llegaba de improviso
y la gente corría a guarecerse
frente a la lumbre de la chimenea
y al calor de los suyos.
                  Una vez, confiado
y tranquilo, volvía yo a mi casa
tras pasar una tarde divirtiéndome,
ocupado en mis juegos infantiles;
volvía como tantas otras veces,
lamentando que el día terminara
y afanado en absortos pensamientos,
en los asuntos propios de un chiquillo
que vive ajeno a la verdad
que a menudo golpea a los adultos.

Me rodeó de pronto una jauría
de desafiantes perros que ladraban
y emitían gruñidos
que erizaron mi piel y me alarmaron,
sembrando en mí el terror
de una violenta muerte ineludible.
No había nadie en la calle
y la luna, en lo alto, lamentaba mi sino
sin que nada pudiera hacer por socorrerme;
lo que tal vez duró un escaso minuto
a mí me pareció una eternidad.

Pensé que allí mi vida llegaría a su fin,
y hoy no recuerdo cómo esquivé aquel peligro.
Seguramente el cielo tuvo que ver en ello.

Cuando llegué a mi casa, llorando todavía
—el corazón latiendo con apremio, espantado—,
se lo conté a mi madre, y ella, como si nada,
me ofreció un vaso de agua con vinagre.
—Bebe un poco —me dijo—, es bueno para el susto,
mientras seguía dada a sus quehaceres,
diligente y ajena a mi pavor
y al estremecimiento que aún me sacudía.
Yo bebí, tembloroso, su remedio
y no entendí la poca
importancia que daba a mi tragedia.
¡He estado a punto de morir! —pensé—
y ni siquiera intenta consolarme…
No me arrulló en sus brazos ni me dio beso alguno.
La vida me mostraba
mi indefensión y mi abandono.

Y recordé una historia
que había leído en uno de mis libros,
de alguien que hace tiempo, mucho tiempo,
también desamparado, recibió el mismo trato.
Cuando estaba en la cruz
y dijo: Tengo sed —seguramente
desconcertado como yo—,
alguien le dio lo mismo.

OTRA FORTUNA

¡Qué inquietante sentir ante el rastro que deja,
tras su paso, la muerte!
                    Qué extraña sensación
cuando, en un cementerio, leemos sobre el mármol
los nombres esculpidos de aquellos que, una vez,
estuvieron aquí
transitando los mismos caminos que hoy nos llevan,
y miramos sus fotos no sin cierta aprensión
y, a la vez, celebrando esta luz bienhechora
del cielo que nos cubre y nos protege
en este lado, a salvo del misterio
que aún no hemos podido desvelar.
¿Alguna vez nos hemos preguntado
cómo nos verán ellos —si así pudiera ser—
desde la otra orilla?
¿Habrá inquietud también al percibirnos
habitantes de un mundo felizmente olvidado?
¿Celebrarán del mismo modo
que una luz muy distinta, redentora,
los guíe en otra noche que no podemos concebir?
¿Se sentirán afortunados
al ser conscientes de la suerte
de no estar con nosotros?

TESORO

El tesoro más grande que yo tuve en mi infancia
se llamó *pensamiento*.
Solo cuando pensaba me descubría libre
y a salvo del peligro
a que te expones al decir
lo que acaso no avala la razón,
ya entonces enfrentado
a la falsa decencia de la época.
Si el pensamiento me acogía
como a su huésped predilecto,
sentía desplegarse en mi cabeza
sus desmedidas alas,
                                        elevando mi ánimo,
llevándolo a lugares de impenetrable acceso,
donde el mundo y mi edad
conseguían al fin reconciliarse.
Si me prohibían algo,
yo me oponía a ellos conversando conmigo
y erigiendo relatos con la imaginación,
donde todo era lícito y posible.
Si pensaba, fluían las ideas calladas
sin que nadie advirtiese
el caudal sigiloso de un secreto poder
que me hacía sentir indoblegable,
y al cielo daba gracias por tan noble regalo.

Se me negaban mis deseos,
y aquel niño, asediado por la insatisfacción,
se sublevaba contra las leyes opresoras
que la vida, inflexible, decretaba,
y en los sueños —que todo lo conceden—
cumplía su ambición.
Cuando se me obligaba a decir cualquier cosa
contra mi voluntad, yo proyectaba
otras palabras sobre aquellas
y, exiliadas al reino de mis fábulas,
les cedía mi cetro y mi corona
para que gobernaran sobre mí.

Y, mientras tanto, ajeno
a cuanto me dictaba obligadas acciones,
era yo un desertor que iba surcando mares,
y el viento de la mente —mi solo patrimonio—
empujaba mis barcos, barría mis dominios
de sombras y aflicciones.
Yo sabía que era un valioso tesoro
y que nadie podría arrebatármelo.
De hecho, lo conservo todavía.
Pero hoy mi fortuna es otra y más preciada:

el valor de decir muchas cosas que pienso.

2

DEL TIEMPO Y SUS AFANES

Sin pasado no hay vida que merezca la pena. (La memoria es el único tesoro. Quien la repudia nada tiene).

NO LLENES MÁS MI COPA

Tiempo, no llenes más mi copa de nostalgia,
no vaya a ser que, ebrio,
te la tire a la cara y te dé cuatro hostias
o, algo peor, me vaya sin pagarte
lo mucho que te debo, lo que es tuyo,
según las cuentas que me muestras.
¡A ver quién va detrás de los borrachos!

Y, luego, no te quejes si te insulto y mancillo
el honor de tus años, donde busco mi honra.

Denúnciame, si quieres.
Yo también tengo buenos picapleitos,
y ya sabes lo eximia que es la pena
que cae sobre aquellos que delinquen
después de haber bebido hasta caerse.

Te advierto,
           deja ya de servirme el veneno
con que matas a todos.
No viertas más tus faltas en mi copa,
no humedezcas mis labios con tu nombre,
que viene a pregonar mi desamparo;
no me des a beber de mis recuerdos
que son tuyos —lo sabes— y emponzoñan
la sangre que me corre por las venas
y trasvasa la noche a mis palabras.

De qué te va a servir que me amenaces
y airees mis maldades y defectos,
y me acuses de ser un imprudente
que no midió el efecto de sus actos.
De qué van a servirte los testigos
y las pruebas que aportas,
si eres tú el responsable de esta terca tristeza
que logra someterme a tus caprichos.

No olvides que el pecado del nostálgico
es haberse embriagado de tu culpa:
esa que, sorbo a sorbo, me has dado desde siempre,
a pesar de que sabes que no bebo
y que nunca he querido ser tu amigo.

CONFUSIÓN

Tanta lección del mundo
con el fin de ir forjando este futuro,
tanto noble consejo de tus padres,
tanto docto maestro en cuantos libros
abrazaste por ver en sus juiciosas páginas
la erudita verdad
que pudiera mostrarte tus errores
y enmendarlos a tiempo...
Tanto viajar por ver y aprender de los otros
y hartarte de cultura y de belleza
buscando la razón en nuevas fórmulas...
Tanto indagar en las oscuras galerías
de tus zigzagueantes pensamientos
y aprender a salir de laberintos
por sumar experiencia y facultades...
Tanto emular a héroes
confiando en que era recto el rumbo de sus pasos;
tanta instrucción, ya ves,
para llegar aquí más tonto que antes
y sin saber muy bien de qué te sirve lo aprendido,
sin armas con que puedas combatir
al rival que es al cabo ese misterio
que no se deja descifrar
por mucho que te auxilie la intuición,
sin entender aún qué muestra la evidencia,
de quién son los grilletes
que arrastra tu doctrina.

Tanto aprenderlo todo de memoria
para hoy descubrirte
                      desnudo y ya sin fe,
como si esta mañana, al despertar,
entrara en tus pulmones por vez primera el aire,
y, de tantas preguntas sin respuesta,
creciera en ti la sensación
de que sigues anclado en donde estabas,
y creyeras que acabas de nacer
y que tienes la vida por delante
por si aún te apetece averiguar
a dónde vas, quién eres.

MEMORIA

Estafa consentida es el recuerdo,
interesado gesto del presente
que mira por sí mismo,
                              avaricia de aquel
que va viniendo a menos,
cautela del que hace acopio de proezas
y ahorra por si acaso le traiciona
la suerte que con él se acuesta hoy.
Declaración de amor
que los años nos hacen
prometiendo lealtad y desposándonos
en la más absoluta intimidad
—sin ritos ni testigos y a la fuerza—
para luego ofrecernos su traición,
su despreciable ardid, su ingratitud.

Sus mimos y caricias son engañosa cortesía,
mas que nadie se queje, pues siempre hemos sabido
que su afectuoso trato es una farsa.

Espejismo, falacia, cuento, embuste:
sustantivos que encarnan el pasado
y resumen su esencia y su destino.

Aguachirle del tiempo es la memoria.

BUITRE

Estos días de ahora perciben la amenaza
del tiempo que me ronda
y acecha mis dominios,
     merodea
como si fuera un buitre muerto de hambre.
Sigiloso, deambula por mi predio
esperando que aquello que se yergue
se mustie y se abandone
para que pueda él precipitarse
sobre mi desventura
con la fiereza propia de su instinto
y no dejar siquiera un asomo de luz.

Atiende a lo que aún conserva, aunque mermado,
el latido secreto de la vida,
y llama su atención todo lo que destella,
desde el más alto pensamiento
al mínimo rescoldo que contiene la noche
—la vista puesta en lo que augura
el hedor peculiar de lo corrupto,
su inmunda podredumbre—.

       Que si la perspectiva
que ofrece la esperanza, que si mi juventud,
que si el amor ya ido y su ficción,
que si aquel entusiasmo por los sueños
que estaban por cumplirse,
que si la ingenuidad que da la inexperiencia,
que si este lodo, envés de aquellos polvos.

Jamás a un buitre
se le ofreció un banquete semejante.
Nunca se ha visto en otra el pajarraco.

Se atiborra de mí, no tiene hartura.

Y conmigo está siempre,
                              como una aparición,
dando vueltas en torno de mi hacienda,
cebado hasta el hastío,
tambaleándose al andar,
tal si fuera un borracho abotargado,
eructando la brisa
de todos los veranos que se fueron,
regurgitando las palabras
que la memoria pone en su mugriento pico,
oliendo a soledad y a infortunio y a vómito,
mirando fijamente cuanto amaba y perdí,
y codiciando el rastro de su estela,
a pesar de sentirse lleno,
                              ahíto.

Y ahí está el buitre carroñero,
ebrio de sombra y claridad,
devorando —empachado y a la vez insaciable—
cuanto el pasado brinda,
incapaz de volar y andando a trompicones
de lo tremendamente gordo
que, a mi costa, se ha puesto.

ACCIONES DE BOLSA

Porque la realidad —o la razón,
que es su otro lado—
cotiza hoy tan a la baja
y estos años de ahora no persiguen
sino hundirte en la ruina,
     invierte cuanto tienes
(lo poco que te queda, tus míseros ahorros)
en acciones de riesgo
de la empresa que es tu corazón
y vende el humo de ensoñadas quimeras.

Lo dicen los expertos borrachos de la noche.
Lo más rentable hoy es la utopía,
los besos virtuales, los amigos mentidos
y las falsas promesas.
     No hay delirio más fértil
que en el que tú confías a ciegas siendo ciego.
Y el oro inexistente
—que la imaginación acoge—
es el que más deslumbra
y es también el más próspero.

Lo engañoso y falaz
se hace cierto en la fe del crédulo inversor
que se adora a sí mismo.

Y qué más da el resultado
si, al cabo, el espejismo es tu único rédito.

LLAMAMIENTO

A las patologías
que el DSM muestra
habría que añadir
esta clara aversión
a vivir el presente
y mirar adelante
que tienen los poetas,
que andan siempre evocando
los amores remotos,
borrándoles la luz
a los sueños que brillan,
buscando el lado oscuro
de cuanto cae en sus manos,
hurgando entre lo infecto,
profanando la tumba
de la inútil memoria.

Por qué esa obstinación
en venerar lo ajado
y revolver el cieno
de los años de entonces,
y cambiar de postura
a los muertos que duermen
con ellos todavía,
husmeando en maletas
que hace tiempo perdieron,
y siempre abriendo frascos
que contienen potingues

y venenos letales
que acaban ofreciendo
con la insana intención
de contagiar al prójimo.
¡Que me digan a mí
que, arrojado a los brazos
de este inmundo mal,
ya no duermo de noche
y no sé a dónde voy,
ni si soy un fantasma
que aparenta estar vivo!

Que de una vez se incluya
en el DSM
esta rara dolencia
—que por ser muy antigua
parece menos cruel—
del alma melancólica
que, engreída, se exhibe
buscando admiración
—el colmo de los colmos—.

Y dejen de adular
en libros y periódicos
tan infaustas tristezas.
Lo malo no se encumbra,
se reprueba y previene.

Al pájaro agorero
cortémosle las alas.

Y que receten algo,
por Dios, que nos atiendan.
Que de una vez por todas
se ocupen de nosotros,
poetas desvalidos
que pagamos impuestos
y somos ciudadanos
como tú y como el otro,
a los que nadie ya
atiende porque piensan
que no tenemos cura.

Denuncio el que la vida
nos dé por imposibles,
nos haya desahuciado
y, en el fondo, se burle,
nos ignore y desdeñe
y, al cabo, de nosotros
se ría a carcajadas.

¡Y es que habrá que hacer algo!

Unámonos, y juntos
exijamos justicia,
reclamemos los mismos
derechos que otros gozan.
Mostremos nuestra fuerza
para que, de una vez
por todas, nos respeten
y nos traten del modo
que siempre merecimos.

Aquellos que se den
por aludidos llámenme
—sea de día o de noche,
yo siempre estoy en ello—
y hablamos del asunto
con la complicidad
de quienes reconocen
que sufren por lo mismo.

Tenemos que apoyarnos.

No hay otra salida.

EL DESVELADO

Es tarde ya, y doy vueltas
en la cama, en mis cosas, en el tiempo
que, a su vez, tiene insomnio —como yo—
porque ha visto las cosas que yo vi
y no pierde un momento la consciencia.

No duermo porque todo
se alía contra mí y me amenaza,
y la vida me hace preguntas muy incómodas
que tratan de implicarme
en asuntos que nada tienen que ver conmigo
y a la vez me conciernen,
porque soy de este mundo:
misterio y paradoja
de aquel que, estando muerto, sigue vivo.

El mar se oye afuera
como un juez que escudriña en mis adentros
buscando pruebas, conjeturas,
las secretas razones
que me roban el sueño, el tema que nos trae
a este juicio sin causa que urde el desvelado.

Y no hay nadie que actúe en mi defensa.

La noche va a lo suyo,
confundiendo a las almas en su sombra.

La memoria es testigo
que, de querer, podría defenderme,
pero calla.
        El destino, muy serio, toma nota
y me mira en silencio, se hace el loco
y esboza una sonrisa que lo acusa.
Él siente que es culpable de cuanto me sucede,
pero sabe que nadie osará delatarlo

porque tiene coartada.

ETERNO RETORNO

Y, como un vómito del tiempo,
nacer del mar, desafiando
las leyes naturales,
y subir río arriba hacia el principio
del apagado sueño
que aún conserva el calor, aunque mermado.

Y alcanzada la cima,
—ya en el borboteante manantial
del que un día brotara—
filtrarme tierra adentro
y avanzar, decidido,
por subterráneos cauces
y ensoñadas vaguadas
hasta encontrar una salida,
la boca de otra fuente
o el exiguo venero
que, al aflorar, derogue mi memoria
y ponga fin al viaje de retorno.

Y, al emerger, al cabo, del olvido,
—con aires impolutos y sin yugo—
sentir la luz inseminando
mi nueva transparencia
mientras hago girar, sin yo saberlo,
la rueda de este mundo y de la vida.

DE CORDEROS Y LOBOS

Si yo fuera un cordero
temería a los otros corderos más que al lobo.
La inquietante amenaza de su aullido
en nada es comparable a los balidos dulces
de mis embaucadores compañeros
que, hipócritas, proclaman su inocencia
y se hacen los flojos,
cuando en el fondo esperan un desliz
de cualquiera de ellos
para llevar a cabo sus ardides.
Bajo el mullido tacto de su lana
—el disfraz que simula su candor—
se esconden las intrigas más infames,
camufladas de sólida inconsciencia.

Si yo fuera ese lobo que, en la noche,
desafía a la luna y acecha a todo ser,
también recelaría de los mansos corderos
que van de buenos por la vida,
                              acobardándose
si advierten mi presencia merodeándolos,
condenando mi aspecto y mi crueldad,
señalándome a mí que, fiel a mi destino,
cumplo con el deber
que la naturaleza me ha asignado,
cuando ellos,
                ociosos y holgazanes,
en nada se complican la existencia,
y, en mutua servidumbre,
se ponen en las manos de los hombres,
y no tienen dominios ni linaje

que defender del mal que engendra el adversario,
y encima perseveran desde siempre
en demostrar al mundo que son víctimas.

Si yo fuera un cordero que se oculta
bajo una piel de lobo
seguiría temiendo a los corderos
que, en su credulidad, aceptan la apariencia
insulsa de las cosas y no hurgan
tras su fingida superficie
y se dejan llevar —insensatos y legos—
por los extravagantes caprichos de la suerte,
y a mí mismo me ponen en peligro
porque no son de fiar,
porque nunca podrían advertirme,
si un lobo de verdad, vestido como ellos,
tuviera yo a mi espalda.

Mas si yo fuera un lobo
con la piel de un cordero inofensivo
acabaría aprovechándome
del iluso enemigo por confiado y torpe,
por inculto, hedonista, utilitario,
por saciarse tan solo
con la anodina hierba de los valles,
por antisubversivo,
por dócil e inconsciente,
                              por inexperto y bobo.

Si yo fuera un cordero
no habría escrito este poema.

POST ANESTESIA

...que quiera abrirse paso mi inquietud
por hondas galerías sin salida
o pretenda escaparse de la jaula
que al cabo son mis versos...

...el halcón peregrino que, en vuelo desnortado,
anhela acuchillar a un ruiseñor
que exhibe bajo el cielo su encendido plumaje,
y, al ir hacia su encuentro,
se topa en un cristal, tal si fuera un escudo
que separa del mundo su esperanza...

...los agostados labios de aquel que desvaría
y persigue las aguas de un río imaginario
que, anegado de fuego,
incrementa la sed del moribundo...

...pensamiento lascivo que horadas la conciencia
y te instalas allí donde la paz
fundó hace mucho tiempo sus dominios...

...hoy que ya no distingues la seda del esparto,
lo noble de lo innoble, lo puro de lo turbio,
e incluso el mármol frío te espolea
si emula aquel fulgor de la carne vehemente...

...si resuena en el pecho
el eco de un ardor inmemorial,
que prende cuanto roza y amenaza...

…de la carnosa pulpa de su lengua
que se niega a la tuya…

…asceta enamorado de su sombra
que tiñe su delirio
y, enclaustrado, nos reza, reza, reza…

…esta ambición que estalla en rebeldía…

…de quien vive arrastrándose sobre el polvo del sueño…

…sorteando fronteras, realidades…

…la rata que es el tiempo y va royendo el ánimo…

…se me ensucia esta voz con el deseo…

COFRE

Soy ya como esa prenda
que, en el fondo de un cofre,
aguarda un cambio de estación
que nunca ha de llegar.

MALEZA

Ya ni siquiera sientes la vana expectación
de que, en la alta noche, te asalte una alimaña
si a deshora paseas por las desiertas calles
de esta ciudad que antes mostraba sus peligros
al descubrirte solo entre la fronda
de la selva que era aquel vivir de entonces.
A tus años, quién va a seguirte, deseoso,
husmeando el rastro de tus huellas;
quién puede interesarse por la insípida carne
que tus huesos abrazan, tan falta ya de proteínas
y vibrantes destellos;
qué saludable aroma va a percibir el tigre,
esa sombra felina que, a tu paso,
antaño te acechaba, sigiloso,
tras la espesa maleza, en una esquina,
mientras tú, distraído, soñabas ser su presa
y saciabas tu sed en ríos de aguas turbias,
confiando en ser la víctima
del hambre de un espléndido y lascivo animal
que a bien tuviera herirte en su hermosura.

Hojarasca, maleza, alguna brizna temeraria
de esas que brotan en enero
al engaño del sol y que el frío se lleva,
así te sientes hoy,
                              mas —todo hay que decirlo—
todavía con cierto atrevimiento
y apenas unas gotas de ilusión
que esperas que germinen cualquier día.

MONEDA

1

(Cruz)

Has venido a la playa un año más
y vuelves a encontrarte con lo mismo.
El mar siempre te pone melancólico.

Qué ves en él, qué profecía cumple
cuando, al mirarlo, arrastra hasta tus pies
los restos de un naufragio permanente.
Qué buscas más allá de su horizonte
—que es también más acá de tus palabras—.
Qué raro sortilegio te acecha en sus confines,
allí donde los sueños son o fueron
y arrastra el pensamiento sus cadenas.

En esta tarde azul de otro verano
te adentras en sus aguas
con la fe del que espera diluirse
en el crisol verdoso
de un reino que perdiste en mil combates.
Al tacto figurado de ajadas ilusiones
que los ríos trajeron hasta aquí
te entregas porque entiendes que estás hecho de ellas.
¿A qué huele la sal que hoy respiras?
¿A quebranto y desánimo, a extravío?
Resumen de la vida es su perfume,
apenas el efluvio de aquello que anhelaste.

Te sumerges entonces bajo el agua
por ver si entre la sombra se revela algún signo
que te señale un rumbo o te ilumine,
mas se ofusca la luz y nada muestra,
y te sabes varado en este mundo
que se deja llevar por la costumbre.

y 2

(Cara)

Son ya sesenta años los que tienes,
y a esta edad es difícil que te enrede el destino
con sus falsas promesas,
por no hablar de lo inútil que resulta
que la desesperanza pretenda intimidarte
con ese viejo cuento tan manido
de que eres el ascua de una hoguera
a punto de extinguirse,
                        y que has de retornar
a la costa ignorada de aquel sueño,
el mismo que te trajo hasta esta orilla.
Con qué esfuerzo reniegas y te opones
a abrazar la verdad de esa miseria
que priva de ambición al hombre vivo,
porque angustia y amarra sus afanes.

Cierra los ojos un momento
y escucha estas palabras:
Mientras tu piel perciba
la brisa que genera el vuelo de las nubes

y el canto impenetrable de las cosas
sature tus sentidos,
y el deseo te aturda y te conmueva
porque venga a lamerte las heridas...
Mientras duela el poema y la rosa te ofrende
la claridad vedada de lo bello y prohibido,
aún estás a tiempo de salvarte.
Tu pasado, aunque estéril,
es un botín que guardas cual tesoro.

En paz y con la calma que los años te han dado,
abraza la certeza del declive
y admite sin reproche
                    —qué remedio te queda—
que eres espejismo, enigma y fábula.
Después vuelve a tu hamaca y coge un libro,
si puede ser algún *best-seller*
de esos que los críticos elogian
y flotan como tú
cuando te haces el muerto sobre el agua.

DESCONCIERTO

Este andar por la vida y, de repente,
intuir que tras de esa esquina hay
un lugar ya remoto, aparecido
como si fuera un Lázaro que quiere
traerte de ultratumba tu pasado.

O cuando abres un libro y en sus páginas
hay restos del naufragio que ahora eres,
y relees aquí y allá y encuentras
palabras que son ecos de otros días,
cuando el barco avanzaba viento en popa.

Este evocar tu boca y ser consciente
de que tus mustios labios son aquellos
en los que yo abrevaba cuando joven,
los mismos que ahora avivan esta sed
de otra manera al cabo, pero avivan.

Este abrazar el mundo y descubrir
la rara sensación de un *déjà vu*
que desmiente que el tiempo siempre avanza,
pues todo vuelve, al fin, a su principio.

Esta ajada alegría de saberte
a mi lado y conmigo en los recuerdos;
este ir y venir de ayer a hoy
y de hoy a la noche en que te vi
apoyado en la barra de ese bar
que es el vientre que ayer nos dio a la luz.

Y, aunque no lo parezca, sin estar,
sé que sigues conmigo, aunque en silencio,
como la sombra sucia, en los rincones,
como el polvo, debajo de los muebles.

PREGUNTAS

Quiero saber si, al menos,
soy la pieza que impide que completes
el puzle de tu vida,
por retirarme a tiempo;
si te arrepientes de tus años junto a mí,
por mal que esto acabe;
si, al mirar hacia atrás, aún vislumbras
dos o tres alegrías
              —rescoldos del pasado—
que valgan más que todas las desgracias.

Cómo me gustaría saber si, a estas alturas,
cuando dices que todo sigue igual
y me quieres lo mismo,
eres franco o estás haciendo teatro;
si en mi terco silencio, que tanto te incomoda,
ves al menos un rastro de ternura
que se niega a mostrarse por temor
a que puedas herirla, si la niegas.

Quiero saber si, en tu postrer momento
—aunque yo muera antes—,
sumido en el delirio que antecede a la muerte,
quieres que sea mi mano la que coja la tuya,
el que te hable al oído
y te diga las cosas nunca dichas,

el que cierre tus ojos
de la misma manera que un día los abrí.

Para mí es importante que respondas
con suma claridad a estas preguntas.

PING-PONG

¡Abajo la memoria!

Que el olvido se lleve para siempre
mis errores, tus culpas
—de acuerdo con la falsa perspectiva
que interpreta los hechos,
según los intereses
de aquel que rememora el menoscabo—.

Me reprochas el daño que te hice
en no sé qué lugar,
y me hablas de afrentas y desaires,
de los que
        —y pongo al cielo por testigo—
saber no quiero ni recuerdo.
Rehúso en vano tu ofensiva,
y respondo a tu ataque incriminándote
en desdenes y ultrajes
de los que aún conservo cicatrices,
pelotas que echas fuera con descaro.

Y a mí me llevan los demonios
cuando te empeñas en traer a mis oídos
el pasado y su infecta podredumbre,
esa banda sonora de la mala película
que es mi vida y la tuya
y hemos visto mil veces.

FOSA SÉPTICA

Y de nuevo me engañas.

Ya he perdido la cuenta de las veces
que has llamado a mi puerta para luego
volver a las andadas, desdecirte
de cuanto me afirmaste,
inventándote heridas
de las que no me muestras marca alguna,
incumplir tu contrato y renegar
de más de treintaicinco primaveras
que a bien tuvieron darnos su estallido.

Te juro por mis muertos
que hasta aquí hemos llegado.

Ya no habrá otra ocasión en que me entregue a ti
y, caprichoso, puedas rechazarme;
ya no habrá más deslices ni abandonos,
ni escucharé tus cuentos
con los que tratas de excusar
tu inconstancia, tus dudas, tu vileza.
No sabes lo que quieres
y acaso nunca lo has sabido.
En tus labios se pudren las palabras,
los agravios, la envidia, los reproches.

No saldrás de esos lodos
ni yo iré a rescatarte
de las pútridas aguas en que nadas.

No vendrá nadie a redimirte,
y nadie ha de creerte
por mucho que enmascares tu infortunio
mandando fotos de tus viajes
a quien no las espera
y mostrando tu falsa y penosa sonrisa,
tras la cual se refugia la vida miserable
de tus secretos extravíos
que al cabo dictaminan su condena.
El círculo se cerró
dejándote preso dentro.

Memoria envenenada, tu memoria,
que al fondo de una fosa séptica te ancla.

CELOS

Tienes celos y siempre estás quejándote
de que pongo a mis versos por encima de ti,
del trato que les doy, de la atención
que para ti quisieras.
                              Dime, cuándo
he abandonado yo la obligación de amarte;
cuándo no he respetado tus propósitos
o he incumplido la alianza
que, puntuales, firmamos después de cada guerra.

Que si a la poesía dedico lo que tengo.
Que si en ella malgasto cuanto soy.

Ya no puedes ni verla, la aborreces.
Abominas de todo lo que escribo
y desprecias mis libros porque en ellos
ves los hijos que tengo con la otra.

Cuánto enojo y rencor, cuánto te duele
que ponga yo en sus manos mi esperanza
y descuide el oficio de estar contigo cada noche
—según, claro, tu falsa apreciación—.

Te quieres convencer de que es mía
la culpa de que esto se haya ido a pique,
de que soy yo el causante del naufragio,

el que extravió las ganas de vivir
y faltó a sus promesas,
el que te es infiel dándose a otra,
el que pone en sus labios otra miel
y se entrega al abrazo de las musas.

Qué sabrás tú de amor si no percibes
que al amar las palabras te amo a ti,
que eres el aliento y el caudal
que mis versos arrastran río abajo.

Cómo explicarle nada
                                    al que está sordo y ciego
y espera que la vida le devuelva
el tributo que exige por vivir.

Cumplidos los sesenta, las reglas ya no son
aquellas del comienzo, y la luz de los días
es la misma y es otra. Los sueños del pasado
están descoloridos, pero aún son los sueños
del que sabe entender
que el paso de los años nos transmuta
volviéndonos más nobles,
aunque menos ardientes e impulsivos.

Quizá no hay que mirarse en los espejos.
La luz hay que buscarla en lo profundo.

Ya no somos los jóvenes de antaño
y las cosas hoy tienen un provecho distinto, otro interés.
El pájaro que ayer volaba por el cielo
ha perdido el vigor y, alicaído,
hoy come de los versos que tu voz le procura.
No olvides que ese pájaro
es aquel del principio al que tú dabas
de comer de tu boca
y hoy sigue siendo el mismo.

Luchar contra las fuerzas de la naturaleza
nos aboca al fracaso.
Lo demuestran las leyes de la física.

PESADILLA

Respirabas aún, pero ya estabas muerto.

Por momentos tus párpados se abrían y cerraban
emitiendo un sombrío resplandor,
y yo sentía pánico
porque fuera verdad que todavía
el fragor de tu sangre alentaba tu cuerpo
y que estuvieses vivo,
que, de pronto, pudieras levantarte
como lo hizo Lázaro.

Se movían tus brazos levemente,
                                        y tu boca
pronunciaba palabras inconexas
que yo negaba a mis oídos,
temiendo que pudieran arrastrarme
al fuego de su cólera
y unirme a su ceniza.
En ti todo apuntaba a que, escondido,
bajo tu pecho había un corazón donde la muerte
ya había puesto sus huevos,
y yo los incubaba con paciencia.

Con mis manos,
                        tan solo con mis manos
cavé un foso tan hondo
que la luz a su fondo no llegaba,
y a él, apresurado, te arrojé,

cuando ya desprendías
la fetidez que exhala lo corrupto.

Mientras iba cubriéndote
con tus propios desechos y con tierra,
abonaba la noche de tu cielo
con maloliente estiércol
para hacer del sepulcro
el reino perdurable de voraces gusanos
que de tu podredumbre se nutrieran
y, al cabo, tu memoria
se perdiera en la sombra de los tiempos.
Y sepulté contigo
el abandono, el daño, tu ruindad,
el puñal que clavaste en mi esperanza,
tu miserable ingratitud,
sin olvidarme, claro,
de tus viejas y extrañas obsesiones
que fueron agrandando mi aflicción.

Entre los dos yo puse una losa de acero,
que es ahora frontera infranqueable.

Cuando al fin desperté de aquella pesadilla,
la realidad no pudo hacer que revivieras,
pues era ya muy tarde para obrar el milagro.

El crimen del que yo no fui capaz
lo cometió mi sueño,
y respiro tranquilo desde entonces.
Desde entonces soy otro que en nada se parece
a aquella marioneta que seguía
los impuros caprichos de tus dedos.

Vivo o no he logrado sepultarte,
y eres hoy uno más de mis fantasmas.

Mi logro es recordarte como si hubieras muerto.

EJERCICIO DE RELAJACIÓN

(nivel medio)

Con la luz apagada y una música suave
que se aquieta en el aire de la estancia,
tiéndete sobre el lecho y, lentamente,
ve cerrando los ojos y respira
manteniendo las pausas y siguiendo
con suma precisión mis instrucciones.
Anula el pensamiento mientras cuentas
desde cinco hasta uno,
y a la vez ve ahuyentando los recuerdos
hasta que el corazón
—ajeno a este presente atosigado—
se colme de un vacío capaz de completarse
con nuevas y apacibles sensaciones.
Cinco,
     cuatro,
          tres,
               dos,
                    uno.
Comprueba que respiras
con dulce mansedumbre
y concentra tu mente en un punto de luz
que brilla sobre un fondo de tiniebla.
De este punto de luz ahora brota un surtidor
de luces de colores que vienen hasta ti
y te llenan por dentro
para regenerar cada una de tus células,
y —ya reestablecido el equilibrio—
blindarte a toda sombra
que pretenda eclipsarte.

              Yo te exhorto
a qué olvides tu nombre
y vayas despojándote de la molesta pesadez
que ejerce sobre ti
la ley gravitatoria. Solo eres
la proyección del ser que poco a poco
—cuando yo cuente tres—
habrá de transformarse en un pájaro etéreo
experto en planear sobre hermosos paisajes
de indefinidos horizontes,
donde el alma se expande hasta llenarlo todo.
Uno,
        dos,
                tres.
Vuela alto y persiste en tu propósito
—que es el mío—, si atiendes a mi voz
que te quiere sanar con mis palabras,
extrayendo de ti aquello que te hiere:
lo fatal y lo turbio,
                    los agobios.

Desde la perspectiva que tu vuelo
ahora te procura,
visualiza tus miembros uno a uno
y arráncales su peso definitivamente;
vuélvelos tan livianos
como hojas que el viento se lleva de los árboles
cuando llega noviembre
sembrando sus derrotas.

Ve abriendo a la conciencia tus sentidos
—exentos ya de intrigas y de enredos—
y deja que su instinto te conduzca
allí donde los sueños al fin se manifiestan,
mientras tú te abandonas al afán
de abrazar la quietud tan merecida,
después de darlo todo a las labores
de un día que se extingue
y sobre el que hace un rato se podía advertir
la penosa desgana.

Concéntrate en tu cuerpo, aún fatigado,
y siente que en los dedos de los pies
te empiezan a brotar tallos muy verdes
y unas flores menudas que se irisan
si imaginas la luz sobre sus pétalos.

Tal si fuera una ola que arrancara
de tus pies y subiera por tus piernas,
van surgiendo a su paso las montañas
que, ondulantes, se cubren de abedules
y de apacibles lagos cristalinos
para que pueda el pájaro que eres
sobrevolar su espejo y descubrirse
como un fruto del cielo
que te presta sus alas.

Ya muy dentro del bosque que conforman
esos montes frondosos y fecundos
—que tienen por frontera tu cintura—,
puede oírse el alegre correr de sus riachuelos,
donde todo es reposo,
a excepción de la brisa y del croar
de las ranas que saltan en los charcos
y del canto liviano de algún grillo
que amansa la memoria
y el deseo.
       El que nada se escuche
delata la presencia callada de otros pájaros
que duermen en sus nidos,
y la luna que brilla
en el techo del cuarto que te acoge
—y es tu imaginación—,
penetra entre las ramas
profanando el secreto de la sombra.

Respira la pureza de este momento único
y centra tu atención
en tu ombligo que ahora es un estanque
que, en su fondo, trasluce la silueta
de un pez que piensa en ti
y te quiere brindar su buena suerte.

Cuenta ahora hasta cinco y ese pez
saldrá a la superficie y, en su boca,
te mostrará la llave que ha de abrir
la puerta de ese reino que es tu fantasía
y se aviene a atender tus ambiciones.
Uno,
    dos,
        tres,
            cuatro,
                cinco.
Cógela sin temor y abre la vida
para tomar de ella
lo que quieras, es tuyo cuanto luce
por doquier; esperando que te apropies
de aquello que el destino te niega tantas veces:
los sueños incumplidos
se ofrecen al alcance de tu mano;
cógelos y hazlos tuyos.

                   Respira hondo, siente
la levedad arrebatada
de tu encendido espíritu
y aspira los aromas embriagantes
de la nueva persona que ahora eres.
Vístete de armonía y siente en ti
la desnudez del mundo antes que el hombre
habitara su limpia superficie.

Que tu respiración sea la senda
que conduce a ese prado florido, que es tu vientre
y llega hasta tu pecho,
por donde vuelan blancas mariposas,
y el pájaro que eres —y llega hasta las nubes
y va trazando estelas, garabatos,
como signos ocultos
que solo tú sabrías descifrar—
desciende por picar su rico néctar
y apreciar la belleza de sus alas,
hermanas de las tuyas.

El pájaro, por fin, toca tu cuerpo
y se posa en tus hombros,
que son dos claros manantiales
que llevan su caudal hasta tus manos
para luego caer, como en cascada,
hacia un sueño profundo que se anuncia y te espera
dispuesto a resarcirte de tus males.

Parece que las horas detuviesen
el tiempo en su latir
y, de repente, todo se demora,
incluido el avance de tu sangre
que afloja el ritmo de tu pulso.

De pronto, se ha hecho oscuro muy adentro de ti
y todo ha enmudecido.
                 El firmamento
se constela de luces y tú flotas
como flota un planeta en el espacio.
Aléjate de ti para mirarte
una última vez
desde arriba, en la altura,
                     ¿te das cuenta
de que has alcanzado la paz tan anhelada
y de que te sostiene, ingrávido, el vacío?
Sigue, orbita en tu rumbo mientras ves
el cuerpo, que eres tú, y sobre el lecho
espera a que desciendas
y soples sobre él para prender la llama
que llevaste contigo y ahora sueña con arder,
ya repuesto del tedio y la fatiga.

Ha llegado el final de este ejercicio.

Emprende tu camino de retorno;
pierde altura y regresa, evanescente y leve.
Que el pájaro, después de posarse en tus labios
y confiarte al oído su gorjeo,
se transfigure en humo
para luego esfumarse de repente,
sabiendo que, en cualquier momento, cuando quieras,

podrá volver a reencarnarte
y de nuevo vivir esta aventura
que tanto bien te ha hecho.
                    No olvides que en tu mente
hay más mundos que puedes habitar
cada vez que precises sus favores,
y piensa que esta vez lo has conseguido,
que no se está tan mal, después de todo,
aquí, en tu habitación, ya libre de zozobras,
a punto de dormirte,
sabiendo que mañana, al despertar,
la luz ha de ofrecerte la promesa
de un día irrepetible,
                    tres,
                        dos,
                            uno.

GRINDR

Aquí dejo mi vida
como el que deja un libro
y en él marca la página
por la que va leyendo,
por si a cualquiera le apetece
abandonar el curso
de su otra lectura
solitaria,
              y se viene adonde estoy
y me coge y me abre,
o me señala el anaquel
donde dejó su libro
para que yo me adentre en sus aguas —si gusta—
y deja que en su barca me acomode
y me invita a coger el otro remo
y seguimos el hilo de mi historia
o de la suya.

POR LA HERIDA

No sé dónde he escuchado
que los amigos solo pueden entrar en ti
si les abres la brecha de tu herida.

No crece la amistad bebiendo vino
ni bailando en las pistas
de discotecas en penumbra,
bajo las luces de neón
que ponen en los ojos un fuego simulado.
De nada ha de servirle a quien pretende
ganarse mi lealtad
que llame una y mil veces a mi puerta,
que a la luz de la luna
leamos los poemas de quienes veneramos,
que me inviten a fiestas y tertulias
donde matar el tiempo con animadas charlas.

Hay que entrar por la herida
y ofrecerle la tuya, y eso es duro
—por eso los amigos de verdad
se cuentan con los dedos de una mano—
porque luego, ya dentro,
hay que ungirla con bálsamos y cálida saliva,
aunque sea imposible que un día cicatrice.
Y que tu corazón se aloje para siempre
en el hueco aposento del amigo

donde un dolor antiguo echó raíces,
y quede allí, instalado, tu latir.

Tu latir, que es presencia
donde pueda él hallarte, si te busca.

CIRCUNLOQUIO

Los jóvenes de ahora ya no hablan
de insondables misterios, de verdad y apariencia,
ni se asombran de aquello
que un espejo no pueda reflejar
ni saben de los náufragos
a quienes deben todo cuanto son.

Los jóvenes de ahora beben, bailan
y se dan a sí mismos.

Los jóvenes de ahora se debaten
en medio de una luz que obstruye su razón.
Su patria son las lindes que perfila su sombra
y siguen los caminos que les abre Elon Musk.
Nada conciben más allá de su deseo.
No piensan en la noche de mañana
ni intuyen lo que encierra la palabra *futuro*.

Y bailan, beben, bailan
y se dan a sí mismos.

Los jóvenes de ahora ya no creen
en los fantasmas propios de su época.
No saben del poder de las palabras,
ni abrazan los proyectos que nunca han de cumplirse
ni sueñan con un barco que los lleve hasta Ítaca.
Todo en ellos es fraude, enredo, bruma.

Por eso bailan, beben
y se dan a sí mismos.

¿Los jóvenes de ahora son tan jóvenes?

Bailad, bebed, malditos.

REITERACIÓN

Me repito, confieso que lo sé.
Los mismos tópicos: la muerte,
el paso de los días, el destino,
aquello que se esfuma
sin apenas tocarlo y el amor.
El río de mis versos lleva el agua de siempre
y, al correr hacia el mar,
van rodando con ella esos cinco conceptos
en que al fin se condensan mis certezas.
Como el pájaro que, en una rama verdecida,
trina unas cuantas notas
y, luego, ya cansado de su voz,
aburrido o instado por las musas,
vuela a un árbol cercano,
y en otra rama —que es la misma—
vuelve a cantar las cinco notas
que, pareciendo inéditas, son iguales y dicen
lo que antes ya expresaron
y han de entonar mañana.
Así, la poesía; así, este mundo.

Todas las rosas son la misma rosa;
todos los días son el mismo día.

SOLICITUD

Por cruzar tu laguna
—es tuya, no lo niegues,
pues solo tú comercias
sobre sus negras aguas—
no me pidas un óbolo de plata.
He pagado en exceso con mi vida
el precio de este viaje
en que no me permites
llevar maleta alguna.

Por eso te reclamo
un trato más decente,
y ante el cielo denuncio
el trasiego de almas
hacinadas que llevas
en tu barca herrumbrosa
—la misma en que cruzaron
mis padres y mi hermana—
que cualquier noche de estas
nos hará naufragar
en mitad de lo oscuro.

Sería lamentable
acabar de ese modo,
no llegar a la costa
y que tú no cumplieras tu contrato.
Qué mal que quedarías,
Caronte,
           no te arriesgues.

Bien podrías vender
tu mísera barcaza
—ridícula antigualla para coleccionistas—
y, con los beneficios
que obtengas del negocio,
comprarte un nuevo barco
—son ya otros los tiempos—
más grande y confortable.
No pido camarotes
de un lujo desmedido
ni que seas cortés hasta el extremo;
tampoco que respondas
a las comprometidas
y arriesgadas preguntas
de los sombríos pasajeros
que, antes de llegar, querrán saber
cómo es el lugar al que nos llevas
y qué haremos allá.
Acaso los demás nada reclamen,
pero yo hablo por mí
y te pido que tengas en cuenta mi destierro
y mi infinita soledad,
la turbación de esa postrera travesía
que ni siquiera puedo imaginarme.
Te pido compasión y que me brindes,
aunque no sean sinceras,
palabras apacibles y templadas
y una atención cordial,

que sonrías un poco, que me obsequies
con un último cóctel, una copa de vino
a la luz de una luna memorada,
una pequeña fiesta en la cubierta
de tu nuevo velero —¿te imaginas?—
con la que pueda dignamente
despedirme, con cierto orgullo, de este mundo.

Yo creo que, en tan difícil situación,
merezco una atención más apropiada
y te lo hago saber en verso y por escrito.

Para que conste allí donde proceda
y surta los efectos oportunos,
rubrico la presente.

                    Yo, Ginés Aniorte.

CÁBALA

Oye, ¿has escrito algún poema que trate
sobre lo que te gustaría ser si nacieras de nuevo?
Wasap de un amigo

Como nacer dos veces no es posible,
tus palabras supongo que preguntan
qué me hubiese gustado ser, qué metas
habría preferido para mí
si estuviera en mi mano ese milagro
de poder retornar a aquel comienzo
y elegir otro azar, otra fortuna
que me hiciera saber de otra verdad.

Si pudiera volver sería el mismo
—te digo sin dudar, con el orgullo
de quien lleva gustoso sus pesares
y acepta cuanto el cielo le concede—.
Si hoy borrara el pasado porque quiera
hacer de mis deseos realidad
y alcanzar la ficción que pretendí,
el variar mi destino implicaría
consumar una especie de suicidio:
matar a este que escribe en pro de aquel.
Abrazar otra suerte obliga a un tiempo
a negar la persona que soy y fui,
y de ello se encarga ya la muerte,
¿por qué iba a inmiscuirme en sus asuntos?
No voy a renunciar a mi conciencia
(el cetro y la corona de mi reino)

ni puedo imaginarme un nuevo espíritu
alentando en mi carne otra esperanza
—mi instinto y mi soberbia me lo impiden—,
pues elegir los nuevos escenarios
que habrían de albergar un yo distinto
supone prescindir de mi familia,
y no propiciaré su abolición.

En fin, me estoy liando y ya no sé
si con esto te das por satisfecho
y si hallas en mis versos la respuesta
que acaso suponías y esperabas.

Por cierto, por qué piensas que querría
adoptar otra piel y transitar
por caminos contrarios al que sigo.
Y lo que es aún peor, qué recompensa
podría respaldar mi atrevimiento
—cómo saber que iba a ser mejor—,
y, sobre todo, dime, para qué
arriesgarme a cruzar esa frontera
si así, desde otro sueño, yo hallaría
un mundo diferente frente a mí,
poblado de otros seres y otra luz,
y tú ya no serías ese amigo
que no cambio por nada, ¡Dios me libre!

SELVA

Escribir un poema es traspasar
las lindes de una selva
que me invita a morir entre su fronda.

Me adentro en la espesura, y los ruidos
me alertan de peligros apremiantes
que acaban dando alcance a quien prosigue
e ignora un desenlace que conoce.

Abriéndome camino con la pluma,
avanzo entre las sombras y los claros
buscando, sobre todo, los retoños
que brotan de lo oscuro,
                                        y reverdece
la luz del pensamiento que me auxilia.
Me acechan las palabras y me embisten
—a veces por la espalda, y a traición—,
dejando cicatrices en el blanco papel
que es mi carne vencida y transmutada.

De vez en cuando, el canto de un pájaro extinguido,
un eco que resuena moribundo
y viene del pasado para herirme.
De vez en cuando, un viento que es memoria
y una gota de agua que resbala
de las hojas serenas de los árboles
y refresca los nombres y los verbos
y les da un centelleo imaginario.

Cada cosa se oculta tras de sí,
la luz, la tierra, el aire,
los verdes y el azul que en lo alto se asoma,
espectador del ritmo y del milagro,
también del infortunio que dibuja la estela
que alguna nube traza
por el cielo espejado de mis años.

A mis pies, un silbido repta y todo
se detiene un momento para, luego,
sentir la mordedura venenosa
de ese verso letal que es el último.

CANCIÓN

Y leer este libro, que es la vida,
fingiendo que se ignora su final
a pesar de que sabes cómo acaba,
pues lo escribió el destino con tu mano.

TIEMPO DE DESCUENTO

Este último tramo de la vida
en que todo es rescoldo de la hoguera
en la que ayer ardí

este impulso feroz y vehemente
por alcanzar las cimas imposibles
de mis sueños fallidos,
cuando estoy todavía tan abajo

este ignorar qué he sido y a la vez
ser muy consciente de quién soy

esta manera nueva y melancólica
de mirarme al espejo y no saber
quién es el que me mira

esta isla olvidada bajo el cielo
a donde ya no llegan ni los náufragos

este velero que, sin rumbo
y con las velas ya gastadas,
quiere alcanzar el horizonte,
a pesar de que sea una invención
que nos da la distancia
y la engañosa perspectiva

este tirar al aire la moneda
y confiar desesperadamente
en la ingrata fortuna

este dudar y no saber
si lo que ahora bebes es vino o es veneno

esta reparadora soledad
que a la vez pinza el alma
y duele igual que una ciática

este no preguntarte, tú que siempre
viviste de recelos y preguntas

esta pelota gris, que es la memoria,
que me lanzo y yo mismo me devuelvo

este abrir la ventana cada día y creer
que es 31 de diciembre

esta falsa nostalgia
disfrazada de paz que me atraviesa

este andar sin zapatos cuando los llevo puestos

esta insumisa realidad

este obsceno deseo de ser aquel que fui

esta herida que unjo con palabras
y aún se infecta más

este extraviarse a solas y sentirme
un cordero acechado por el tiempo

este río cansado de ser río
que al cabo se descubre en el estuario
—tan cerca ya del mar—

esta sombra alargada de los años
que se acopla a mi sombra

este revolver que es mi voz

este andar hacia atrás sobre mis propias huellas,

esta llave que guardo y no abre nada

este ir y venir que me demora

este último trecho, en fin;
estos días del tiempo de descuento.

EL MENSAJERO

Exhausto y sin aliento, presuroso,
ha llegado hasta aquí desde muy lejos
para entrar en mi sueño con sigilo.
Descalzo, hambriento y sucio,
cruzó desiertos, valles,
intrincadas montañas.
Ha venido hasta mí para entregarme
una anónima carta que me escribe
con mano temblorosa
alguien que bien conozco.

He leído la carta y se me avisa
de un peligro cercano y de la noche
—algo que yo he sabido desde siempre—.

Al despertar compruebo
que el mensajero se ha marchado.
Ni siquiera he podido mostrarle mi atención,
mi más sincera gratitud.

Como llegó, se ha ido.

No puedo responderme.

NUBES

Nubes que con vosotras me lleváis,
derivas de mí mismo
—como yo, inconsistentes y exiliadas—,
os señala mi dedo de niño que regresa
para deciros algo:
sois seda gris vistiendo las alturas,
gelatina de luz, merengue de mi infancia,
desbaratadas sombras,
                              brotes de soledad,
pura certeza del olvido y de él condiscípulas.

Nubes de la imaginación que escrutáis nuestro paso
—despegadas de todo—,
sois cumbres desatadas de los montes,
hartas de soportar el precipicio,
cenizas esparcidas
de un dios que se hace el muerto,
                              los borrones
con los que ese mismo dios
intenta camuflar el desatino
de su mano inexperta y desmañada.
Espejo sois de aquel que se mira en vosotras,
andamios de mis sueños,
cúmulos de promesas incumplidas,
siervas de los caprichos de la vana fortuna,
símbolos de implacables certidumbres,
cántaros que aspiran a romperse.

Embajadoras sois de la desesperanza,
mudo clamor del tiempo y su zozobra
que en vosotras anida.
Envueltas en un aire melodioso
viajáis sin cesar hasta abismaros.
¿Hacia qué puerto inexistente vais?
Madejas de enredada incandescencia,
en vosotras yo enhebro
aquella luz de ayer, desmemoriada,
esbozos de utopías que no han podido ser.

Sois también los tullidos capullos de unas rosas
sin tallo y sin raíz, flores de loto
que flotan, melancólicas,
en el lago invertido que es el cielo,
pasajeras sin prisa
porque nadie os espera.

Lleváis en vuestro sino
la turbación de un mundo desnortado,
sus callados enigmas.

Para quien desconoce la mecánica
de vuestras alas invisibles,
cifra sois de un mundo venido a menos desde siempre,
y a veces, cuando os pienso,
parecéis engreídas y orgullosas
del trasnochado emblema al que aludís.

Cuando en mí proyectáis vuestra presencia
me azota vuestro paso doliente y funeral
y sumo mi tristeza a vuestra causa.

Soy otro si pasáis inadvertidas,
mas si un día os descubro —¿espantadas de qué?—,
vuestro mudo decir me desazona.
Viejas predicadoras de una verdad palpable sois,
y en vuestro calmo andar hay más conocimiento
que en los libros que ha escrito quien os ve.
Me abruma vuestro claro y rotundo mensaje,
vuestra humilde lección me aturde y me desarma.
En mí crece la sombra de vuestro errante tránsito
y ante vosotras yo me inclino,
sabedor de que sois mis sabias consejeras.
Qué pena que, sobradas de razón,
tan siempre reservadas y evasivas,
no aceptéis mis preguntas.

Pero a veces presiento que no sois
las nubes que se van para volver,
sino aquellas de ayer y de mañana,
las que vieron mis padres, mis abuelos,
e, inmortales, borrachas de candor,
sin voluntad,
              tan claras y evidentes
y a la vez tan herméticas,

no pasáis, y es solo un espejismo
con el que nos mentís,
la red en que me dejo yo atrapar.
Pero cómo decirlo y demostrarlo,
cómo exponer tan hondo pensamiento
y desterrar la idea de que sois efímeras
y breves,
                    momentáneas.

Después de tanto tiempo desvelando
el misterio que encierra vuestra esencia
—no estando muy seguro
de quiénes sois y a dónde os dirigís,
llevándome cogido de la mano—
me atrevo yo a entonar la melodía
que os represente y pueda definiros,
si puede definirse una ilusión.
Porque sois mis hermanas, compañeras de viaje,
y a vuestro lado fluyo con vosotras,
os brindo este poema que conmigo os concilia.

Por lo que os une a mí y nos atañe,
yo os canto.

CONJETURA

Con mis imperfecciones y tropiezos,
con tus abusos y mis faltas,
con los golpes que doy y he recibido,
escribo yo poemas impecables
como este de ahora donde el metro se atiene
a aquello que el manual ha decretado
—salvo alguna asonancia distraída,
un tedioso y monótono anacrusis
o el uso eventual de un eneasílabo,
eso sí, con acento siempre en cuarta,
como dicta mi oído de poeta inflexible
que, obstinado, persigue la cadencia
por encima de todo,
inmolando a su costa, si es preciso,
los hondos pensamientos, la razón,
que en estos tiempos últimos
cotizan a la baja, importan menos—.

Tiene la poesía el don del alquimista
que convierte el estiércol y la culpa
en láminas de oro,
                en arte puro
capaz de persuadir al más incrédulo
y, al cabo, adoctrinarlo y seducirlo
y hacer que a todo dé la vuelta y crea
que la noche deslumbra con su sombra
y que el día nos nubla con su luz.

Desconectada siempre
de la incierta y confusa realidad
—y estando sumergida en sus asuntos—,
la poesía nunca juzga
a los que vienen a adorarla, a rendirle pleitesía,
ni a quien la toca exige rectitud.
Le importan solo las maneras, los modales
de aquellos que la invocan,
la imagen que de ella se proyecta,
aunque el poeta que la toma entre sus brazos
sea un criminal, un golfo, un usurero.

Hay una extraña relación
entre ella y aquel que la persigue,
un vínculo basado en mutuos intereses
que no están nada claros,
porque todo entre ellos es enredo,
vanidad, apariencia, ilusionismo.
Quien la pretende logra engatusarla
con halagos y ardides, y ella es
condescendiente y generosa
con quien domina el arte de los hilos
que mueve su artificio y la sustenta,
mas cabe preguntarse ¿qué nos da?
Pues, no es que al entregarle cuanto somos,
excuse nuestros fallos, nos dispense
del respeto que todo hombre bueno
debe al mundo ni exculpe nuestro mal.

No nos vuelve mejores.
                    No lava los pecados
ni hace que el poeta merezca otro destino;
ni un ápice de dicha le regala
—de eso sé yo mucho—.
Y aun así, nos jactamos de ser sus servidores
cuando en verdad le damos poca cosa
y seguimos nutriéndola de pesares y escombros.

Qué sería de ella sin esa parte oscura
que en nosotros se esconde y le ofrecemos
y aflora entre su carne,
                    destilada
en licor que enajena
a aquellos que la llevan a sus labios
y, eufóricos, la beben y se arroban
cuando tañen las cuerdas de su lira.
¿Sería lo que es
sin esas deficiencias y lacras que se arrastran
y sobre las que ella ha construido su reino
tan lleno de secretas inmundicias?

De eso, sobre todo, se alimenta,
y bien que lo lamenta el que esto escribe.

3

AVE FÉNIX

La voz de quien amamos nos dota de sentido. Sin ella solo somos meros significantes.

AVE FÉNIX

A Bilal Bel-Fadil

Estaba escrito que había de encontrarte,
si no por qué razón
iba a entregarme el mundo —siempre huraño—
esta alegría insospechada, el tardío destino
que el cielo me tenía reservado: este botín imprevisible
—tesoro sin medida que me aturde—
con el que no sé qué hacer a estas alturas
en que la espiga dobla su cabeza
y la noche acomoda su cuerpo junto al mío.
Has llegado sin previo aviso a redimirme
de esta aborrecible adversidad
que se había instalado en mis dominios,
y no he podido prepararme y engalanar el alma
para así recibirte con honores —como es mi costumbre—
y repasar las olvidadas reglas
que el amor nos exige.

Bendita sea tu venida a mi patria sin nadie.
Llegas como quien entra de improviso
a una morada en ruinas donde no le esperaban,
y su presencia pone orden en todo
y alumbra las estancias, sus rincones,
restableciendo el equilibrio y otorgando a los sueños
una atracción inédita que me empuja a abrazarlos.
El corazón me alerta con su pulso
de una emoción insólita
que trae desasosiego a mis rutinas.

Te adentras con sigilo en la espesura
de estos años sin fuste,
              y caigo en tu emboscada
y te muestro mi más sincera gratitud
por hacerme tu siervo.

Me hablas y me nutro de tu voz
que promulga pasiones asequibles
e inflama mis sentidos,
devolviéndome el oro que ayer dilapidé
ofrendándolo a un dios que me ignoraba.
Me miras y me rindo a tus propósitos,
e, incapaz de negarte,
me doy a tus honestas intenciones
y permito que insufles nueva sabia
a este presente desvalido:
el rescoldo que avivas con tus besos,
despertando su lumbre.

A qué se debe este alborozo,
el asombro crecido
que hoy me anuncia el retorno de un verano
que ya creía muerto;
a qué este regocijo que sopla en mis cenizas
y las vuelve palomas que espantan a las nubes,
dejando un cielo nítido
bajo el cual todo adquiere un nuevo fundamento.

Irradia tu mirar una luminiscencia
con la que el náufrago que soy
ha logrado llegar hasta tu orilla,
donde altas palmeras
le invitan al descanso y restituyen
la calma y el fervor del desterrado
que a ti peregrinaba sin saberlo.
Y me tocas de un modo que ya no recordaba,
y haces bramar los ríos
de un deseo flamante,
tan someros y calmos hasta que tú has venido.
Y, al cabo, recompones aquel jarrón antiguo
que era la confianza y que el otro hizo trizas.

Yo que era un despojo del pasado,
puro escombro, hojarasca,
has hecho que mi vida, como ave fénix, resucite
para salir de su sepulcro
y batir por el aire nuevamente encendido
la escoria que hasta ayer eran sus alas.
Ya no veo las lindes de mi pobre heredad;
se ha alargado el camino en cuyo borde
hay árboles que brindan sus frutos y su sombra;
bajo mis pies, la hierba cubre ahora lo que antes
era abrojo y guijarros.

Quién aroma este aire que hoy respiro,
quién me absuelve de mi desesperanza
e indulta al hombre solo y melancólico
y me hace entender que aún es tiempo de vivir,
y pone ante mis ojos otra oportunidad
que se me presta limpia de estigmas y temores
para saldar las deudas
que conmigo contrajo la fortuna.

Quédate junto a mí;
expulsa de mi pecho este recelo
que me ofrece tu edad,
y, cuando yo me vaya, de ti ebrio,
ábreme tu memoria para que en ella sobreviva
este deslumbramiento que propaga tu nombre por doquier
y promete abundancias.

Ojalá nada turbe esta aventura,
esta dicha que ahora me devuelve
al caudal rumoroso de los días.
Ojalá tú no escuches aquello que a mi oído
susurra la experiencia
y, al mirar hacia arriba, solo veas azul
y pájaros que anidan en las cumbres.

Me rindo, tuyo soy, pero también del viento y del azar
que nos lleva a su antojo.

A deshora comprendo que la suerte
es una rosa antojadiza
que a veces se abre en pleno invierno, entre la nieve.

Qué tarde he descubierto
que mi sino no es el que creía,
que siempre puede un páramo convertirse en oasis,
que existen los milagros,
                              que nunca es tarde.

y 4

INVENTARIOS

El solo hecho de nombrar nos ennoblece.

FUEGOS

El invisible *fuego* de tus ojos
que arroja sobre mí su viva llama.
El *fuego* del ayer que hoy me cerca.
El que extiende su lumbre en el verano
y acaricia los cuerpos más hermosos.
El que forja en su fragua mi destino
y aquel que en la pasión tomo por lecho
y acaba consumiendo mis abrazos.

El *fuego* del amor que al fin se extingue
cuando arde el deseo de la carne.
El *fuego* sigiloso que es el tiempo.
El que ofrenda a los dioses su esperanza
y arde solo en los templos y en la mente.
El que prende una mano si la rozas
y ese otro que anuncia noche y ruina
y cumple su palabra, insobornable.

El *fuego* primitivo que asombrara
a aquellos que asistieron al milagro.
El *fuego* que me corre por las venas.
El que ruge en el fondo de mí mismo
y proyecta su sombra en este verso.
El que ofrece su luz a los ausentes
y aquel que, ya vencido, es una rosa
en el cielo incendiado de la tarde.

El *fuego* del olvido que nos libra
de morir en las brasas del pasado.
El *fuego* que nos arde bajo el pecho.
El que duerme en la chispa y amenaza
con arrasar la faz del mundo todo.
El que deja su ascua en la memoria
y ese otro que sueño y me promete
hacerse realidad en mis cenizas.
El *fuego* de tu voz cuando me hablas.

SOMBRAS

La *sombra* fugitiva de unas alas
que iguala su presencia con la vida.
La *sombra* donde anida el pensamiento.
La que al cerrar los ojos nos descubre
el más cierto tesoro prometido.
La que anuncia mi suerte, si me niegas.
La que lleva consigo toda dicha
y aquella que ensombrece la mirada
cuando menos lo esperas, misteriosa.

La *sombra* que en la noche me requiere
y al dormirme me abraza con sigilo.
La *sombra* de los dioses sobre el mundo.
La del árbol que acoge y nos cobija
tal si fuera una madre improvisada.
La que siempre delata a quien se esconde.
La que custodia el sueño de los muertos
y esa otra que dicta su penumbra
y acaba acostumbrándonos a ella.

La *sombra* del destino como un buitre
que al cabo merodea nuestra casa.
La *sombra* amenazante del pasado.
La que sigue los pasos del que huye
y promete que habrá de darle alcance.
La que siempre acompaña a toda idea.

La que el tiempo ha sembrado y hoy cosecho
y aquella, del mañana, que se acopla
a mi cuerpo conforme voy llegando.

La *sombra* del ciprés donde se tumban
aquellos que, cansados, buscan lecho.
La *sombra* de otra sombra que soy yo.
La que huye del alba, temerosa
de que la luz la allane y la desnude.
La que tu voz extingue cuando habla.
La que al peor postor se entrega siempre
y esa otra que asoma y nos refleja
tras el pétalo vivo de una rosa.
La que instala su reino en el olvido.

ESPEJOS

El *espejo* del río que me trae
a aquellos que, en sus aguas, se miraron.
El *espejo* que acoge al solitario.
El que puedes beber en una fuente
y, aunque viene a romperse, no se rompe.
El que ocultó a Narciso la verdad
y ese otro que acoge un yo culpable
y, afligido, devuelve un yo de espaldas.

El *espejo* hecho trizas de la noche
que en el cielo ha esparcido sus cristales.
El *espejo* del alma, que no engaña.
El que pone en mi rostro la neblina
de la plata oxidada de los años.
El que niega la estampa del vampiro
y aquel que se emociona al advertir
el asombro del niño desdoblado.

El *espejo* del hijo que devuelve
el perfil renovado de su padre.
El *espejo* que somos de los otros.
El que copia mi nombre y cuanto soy
en el limpio cristal en que hoy escribo.
El que, al mirarte un día, te dispara
y ese otro, arrogante, que condena
cuando osas mirar su otro lado.

El *espejo* del hombre que se asusta
porque, al mirarse, ve que es otro hombre.
El *espejo* de ayer que me retiene.
El que miente y complace a quien se mira
porque teme la ira de sus ojos.
El que pone su agua en el desierto
y aquel que, sobre el mar, hace señales.
El *espejo* del tiempo, insobornable.

LÁGRIMAS

La *lágrima* que surca la mejilla
y en su camino arrastra oscuridades.
La *lágrima* tan vana del que miente.
Las que buscan el mar, como los ríos,
por redimir al cabo a quien las llora.
La que no tiene rostro porque corre
por el rostro de todos, por mi rostro,
y aquella que mi madre derramara
y el tiempo ha convertido en una perla.

La *lágrima* que, a veces, se vislumbra
y, aunque no se nos muestre, se adivina.
La *lágrima* que aflora, emocionada.
La que lleva su sal hasta la boca
y alimenta la noche de quien sufre.
La que seca la mano del amigo.
La que, un día, alecciona en su recuerdo
y esa otra que, a punto de entregarse,
da la vuelta y se niega, inmerecida.

La *lágrima* de ámbar que custodia
el eco de un pasado que perdimos.
La *lágrima* de ayer que aún nos moja.
La que inicia su rumbo y retrocede
porque advierte la luz de una sonrisa.
La que ensaya la lluvia sobre el rostro
y aquella que ha nacido sin razones
y busca su respuesta entre los sueños.

La *lágrima* del niño que se queja
y que nadie comprende, porque es muda.
Las *lágrimas* que siempre purifican.
La que acecha en la sombra y tú presientes
cuando viene la dicha a conquistarte.
Las que guardan mis ojos, por si acaso,
y esa otra que vela el cuerpo yerto.
La que brota impasible, acostumbrada.
La *lágrima* de Dios, que es el mundo.

PIEDRAS

La *piedra* irregular que es la vida
y tienes que esculpir para ganarla.
La *piedra* que es mi pecho si no escribo.
La que sabe que al cabo será polvo
y sueña con ser polvo enamorado.
La que rompe el cristal y no es culpable.
La *piedra* en que cincelo mi epitafio
y aquellas que Virginia, melancólica,
con tanta fe pusiera en sus bolsillos.

La *piedra* que se muestra en carne viva
y es estigma del tiempo sobre el muro.
La *piedra* que es el cielo de la tumba.
La que nada nos dice si está sola
y adquiere su sentido en el mosaico.
La que arroja la mano que lapida
y esas otras que, en contra de su sino,
levantan la pared que nos separan.

La *piedra* que se mancha de la sangre
del pájaro que canta, confiado.
La *piedra* en que tropiezo tantas veces.
La que ocupa el lugar del corazón
después de haber sufrido muchos golpes.
La que imagina el pan en el molino
y aquella que arrojamos al futuro
y nos devuelve el eco de un presagio.

La *piedra* del camino, confidente
de cuantos han pasado sobre ella.
La *piedra* de David contra el gigante.
La que rueda en el lecho de los ríos
e iguala su destino con el mundo.
La que dibuja círculos concéntricos.
La que destella y es un abalorio
y esa otra que encierra una semilla.
La que se erige en templo y nos asombra.
La que cortó la carne en el principio.

AGUAS

El *agua* del rocío en una hoja
donde llora, secreta, la mañana.
El *agua* que es memoria de los cántaros.
La que entra en la tierra porque ansía
llevar a las raíces su prodigio.
La que pasa sumisa bajo el puente
y aquella que, en el vaso, es una madre
que amamanta un manojo de jazmines.

El *agua* caudalosa de los ríos
que ríe al no saber cuál es su suerte.
El *agua* que se infecta de nosotros.
La que lava la luz y la refracta
devolviéndola al cielo, porque es suya.
La que roba a la llama su sentido
y esa otra que limpia las heridas
y devuelve a la carne su pureza.

El *agua* repetida de la fuente
que es la misma de ayer, como este día.
El *agua* que espejea en el oasis.
La que imprime su luz con cuatro signos:
en la frente, en el pecho y en los hombros.
La que borra la huella del que mata.
La que un día nos llora sobre el mármol
y aquella que es el alma de la nieve.

El *agua* solitaria del estanque
donde duerme la luna cada noche.
El *agua* de los sueños, que no moja.
La que habita el olvido y se adivina
en el fondo ignorado de los pozos.
Las que anuncian la vida, incontenibles,
y esa otra, sin bridas, del torrente
que abre nuevos caminos a su paso.
La que aplaca mi sed, la que bendice.

VIENTOS

El *viento* que nos hace zozobrar
porque cumple la orden del destino.
El *viento* que se lleva lo que trajo.
El que sube a lo alto y balancea
la cometa que somos desde siempre.
El que lleva el olor que arranca a otros
y ese otro que al fuego da su aliento.

El *viento* del otoño que nos trae
las hojas desvalidas de otro otoño.
El *viento* que nos roba la cordura.
El que agita los nidos, en las ramas,
mientras tiemblan los pájaros callados.
El que peina las aguas y los árboles
y aquel que, de improviso, arremolina
presagios a la puerta de mi casa.

El *viento* de la muerte que sorprende
al doblar una esquina, agazapado.
El *viento* que precede a la tormenta.
El que sale a mi encuentro de improviso
y gira la veleta de mi suerte.
El que barre las huellas del camino
y ese otro que deja tras de sí
el paisaje de un campo de batalla.

El *viento* persuasivo de la vida
que, al hacernos caer, nos alecciona.

El *viento* que se bate con los juncos.
El que seca las lágrimas y ahuyenta
el humo de la hoguera en la que ardemos.
El que alimenta el vuelo de las aves.
Aquel que, perseguido, pide ayuda
y llama con urgencia a mi ventana,
y el que logra salvarme del naufragio
llevando mi esperanza hacia la costa.
El *viento* del deseo que me encumbra.

ROSAS

La *rosa* que quisiera regalaros
pero nunca podré, porque no es mía.
La *rosa* que en mis ojos se deshoja.
La que entrega sus pétalos al viento
y espera inútilmente que regresen.
La que, al olerla, embriaga de su luz
y esa otra, mustiada, que se brinda
como único alimento para el mísero.

La *rosa* que llevamos y ponemos
a modo de palabra sobre el mármol.
La *rosa* que es memoria en su perfume.
La que vierte su nombre sobre el agua
de un mar envuelto en llamas con la tarde.
La que siempre fue emblema de la vida.
La que es portadora de un presagio
y aquella, artificial, que nunca muere.

La *rosa* que se abre en una boca,
ajena a las miradas que la sueñan.
La *rosa* que se pinta con el alba.
La que brota de pronto en la mejilla
de quien ama en secreto y le descubren.
La que lleva la mano cual antorcha
y esa otra que se abre entre unos muslos.

La *rosa* que, al cogerla, me hace daño,
como lo hace también si no la cojo.
La *rosa* que es tu risa si florece.
La que en mi frente clava sus espinas
y aquella, sin olor, del pensamiento
que es acaso la rosa más perfecta.
La que llora al saber de su destino.

HERIDAS

La *herida* que nos deja en la mirada
el encuentro primero con la muerte.
La *herida* que inaugura la consciencia.
La que hace la mano, con descuido,
en la rama del árbol que acaricia.
La que abren las nubes cuando escampa
y esa otra que infligen los recuerdos
y me viene a hostigar, aunque no sangre.

La *herida* de tu beso que tatúa
su anunciado final cuando me besas.
La *herida* que imagino y también duele.
La que oculta su rostro, avergonzada,
y al nombrar su razón se ruboriza.
La que abre el arado sobre el campo.
La que el amor acaba descubriendo
y aquella que amordazan con la venda.

La *herida* que jamás ha de cerrarse
y habita, silenciosa, la memoria.
La *herida* en carne viva que es tu nombre.
La que es de los otros y sentimos
como un cielo caído en nuestros hombros.
La que en vano ignoramos y se infecta.
La que aviva su mal cuando la tocan
y esa otra que olvida la costumbre.

La *herida* que señala las muñecas
de quien cayó de bruces al abismo.
La *herida* del deseo insatisfecho.
La que reclama sal porque es culpable
y así puede cumplir su penitencia.
La que el tiempo dibuja sobre el muro
y aquella por la que entran los amigos.
Esa herida que es mi entendimiento.

SUEÑOS

El *sueño* que deslumbra con su oro
y al final nos revela su espejismo.
El *sueño* que soñamos y nos sueña.
El que enciende sus luces en la noche
y se deja soñar en la otra orilla.
El que, al alba, consigue despertarme
y ese otro que tanto perseguí
y, aunque tarde, me ofrenda mi destino.

El *sueño* que la vida ha desflorado
a fuerza de soñarlo cada día.
El *sueño* acariciado que se esfuma.
El que acaba hecho trizas y entre lágrimas
porque vino a romperse en un descuido.
El que luce en el cielo de los otros
y aquel que es de los náufragos y brilla
sobre la línea azul del horizonte.

El *sueño* de quien no tiene esperanza
y es una flor que nunca dará fruto.
El *sueño* que al nacer interrumpimos.
El que nadie ha soñado todavía
porque aún no ha nacido quien lo sueñe.
El *sueño* ya cumplido del pasado
y ese otro en el que invierto mi ilusión,
a pesar de saber que es imposible.

El *sueño* de la muerte que se cumple
con la puntualidad de los relojes.

El *sueño* abandonado en el camino.
El que no sueño nunca porque sé
que los sueños, al cabo, son los sueños.
El que viene a salvarme en su promesa
y aquel, que es de mi infancia, tan lejano,
y ahora me parece de otro mundo.
El *sueño* del que sueña lo que tiene.
El innegable *sueño* del olvido.

NUBES

La *nube* que, callada, sobrevuela
como zarpa de un dios que nos vigila.
La *nube* que hace reina a la montaña.
La que viene a mostrar las sinrazones
e instala su dominio en mis ideas.
La que promete en vano su regreso
y esa otra que invade claridades
para darlas al reino de la sombra.

La *nube* de algodón con que rellenan
la boca miserable de los muertos.
La *nube* que se va, pero no escampa.
La que, al pasar, recuerda cuanto ve
y descubre que habita en su memoria.
La que se parte en dos sin una queja
y aquella, infructuosa, del desierto
que es solo pincelada en el paisaje.

La *nube* que es un signo del destino
y trata de decirnos lo indecible.
La *nube* que vendría si te fueras.
La que no sabe nada de su suerte
y nada se pregunta y es dichosa.
La que perfila el sueño que imagino
y esa otra, invisible, a ras del suelo
que desorienta el rumbo de mis pasos.

La *nube* que trasiega nuestros días
y consigue nublar las ilusiones.
La *nube* que custodia al caminante.
La que me reconoce cuando pasa
y se consuela al ver que voy con ella.
La que vaga sin rumbo, como yo.
Esa *nube* caída de algún cielo
que me encuentro, arrugada, en el bolsillo
y aquella que va sola en su naufragio
y parece una isla en el océano.
La *nube* que pasó, la que ahora pasa.

MANOS

La *mano* temblorosa del anciano
que busca en sus bolsillos la memoria.
La *mano* que se abre a una moneda.
La que coge una rosa para echarla
sobre la tumba abierta de su hijo.
La que al tocarnos sana nuestros males.
Las que amasan el pan de cada día
y aquella que se aflige cuando advierte
el secreto rechazo de otra mano.

La *mano* que es un mapa, cuyos ríos
nos hablan de una suerte muy antigua.
La *mano* que estos versos van trazando.
La que nos gira el rostro en un instante
y, sin mediar palabra, roba un beso.
La que seca las lágrimas del otro.
La que cubre de tierra las raíces
y esa otra, enfrentada con su hermana,
que es capaz de matar por sus ideas.

La *mano* del suicida cuando coge
la cuchilla que habrá de redimirle.
La *mano* que detona el explosivo.
La que aprieta un puñal y luego espera
para poder clavarlo en una espalda.
La que acaricia un cuerpo y se estremece.
La que toca la lira cuando escribe
y aquella que, al soltarse de otra mano,
ha perdido el sentido de su fuerza.

La *mano* inofensiva de ese niño
que habrá de ejecutarnos algún día.
La *mano* que golpea y se arrepiente.
La que resiste el pulso del destino
y al final es vencida por el tiempo.
La que gira este mundo ¿desde dónde?
La que cierra unos ojos para siempre.
La *mano* que se alza en la protesta
y aquellas que sus dedos entrelazan
sobre el helado pecho del difunto.
La que apaga la luz, la que rubrica.

ISLAS

La *isla* de los sueños imposibles
que se pierde en el mar de mis deseos.
La *isla* sumergida del pasado.
La que forma una mano cuando niega
su caricia a quien tanto la persigue.
La que habito, en silencio, desde siempre
y aquella que seré, después de todo,_
en la endeble memoria de los míos.

La *isla* de aquel mapa de mi infancia
que ya entonces llamaba mi atención.
La *isla* del pirata, que es el tiempo.
La que erige, orgullosa, la familia
y al cabo se transforma en archipiélago.
La que acoge, entre nieblas, la barcaza
maltrecha y desvalida de Caronte
y esa otra cercada de arrecifes
donde van a romper las ilusiones.

La *isla* del tesoro que buscamos
para perder en ella nuestro oro.
La desolada *isla* de tu ausencia.
La que viene a brindar cada palabra
y esa *isla* que es el pensamiento
y me salva del tedio y del hastío.
La que entreveo, allá, en el horizonte
y está hecha de sombra y de memoria.
La que siempre reclama el solitario
y aquella que se muestra en cada rostro.

La *isla* del silencio adonde llegan
aquellos que desertan del lenguaje.
La *isla* de la voz que es el monólogo.
La que forman los días si el desánimo
nos encierra en su círculo de fuego.
La que, en tu pecho, a veces, me guarece
si consigo llegar hasta su orilla.
La que recibe al náufrago, aliviada.
Esta *isla* que es el mundo todo.

PALABRAS

La *palabra* que duerme sobre el mármol
y acepta, resignada, su destino.
La *palabra* de aquel que nada dice.
La que se asoma, tímida, a la boca
y luego no se atreve a dar el salto.
La que siembra su odio en quien la acoge.
La que no dice nada porque es hueca
y aquella que, al callarla, va pudriéndose
hasta infectar la voz de quien la encubre.

La *palabra* que al fin pierde su brillo
a fuerza de decirla y de vejarla.
Las *palabras* de ayer que aún me duelen.
Las que juran lealtad y, con los años,
acaban aceptando su perjurio.
La que en el rezo eleva su ambición.
Aquellas que son cuervos que retornan
para hacerse su nido en estos días
y esas otras que hablaban de un edén
y acabaron perdiendo su sentido.

Las *palabras* del sueño que revelan
lo que aún no sabemos de nosotros.
La *palabra* que rumia el desconfiado.
La que ahora me alumbra y es tu nombre
y ha venido a vetar todas mis sombras.
La que quiebra el silencio al pronunciarse
y aquella que se entrega enteramente
y, negada, se rompe en mil pedazos.

Las *palabras* de amor, tan encendidas,
que el viento de mañana ha de llevarse.
La *palabra* del tiempo, que es la última.
La que no da su luz a quien la dice
porque se sabe falsa en esos labios.
La que ruge, de pronto, amenazante,
y esa otra, en el libro, que procura
su paz y su alimento y nunca falta.
La *palabra*, ese oro del poeta.

MIRADAS

La *mirada* que busca en otros ojos
el faro que en la noche busca el barco.
La *mirada* indecente que nos tizna.
La que se asoma al borde del abismo
y despliega sus alas con arrojo.
La que ofrece su filo y nos desprecia.
La que pide clemencia en el patíbulo
y aquella, de los muertos, que parece
que han encontrado al fin lo que buscaban.

La insensible *mirada* del verdugo
que se asoma al dolor y no se inmuta.
La *mirada* insaciable del avaro.
La que extiende, en secreto, su deseo
sobre el cuerpo prohibido que la hiere.
La que admite su culpa, arrepentida,
y esa otra que ignora la belleza
porque es ciega a la gracia de este mundo.

La *mirada* vacía y sin aliento
que se pierde en el fondo de una copa.
La *mirada* de aquel que nunca mira.
La que apenas si puede mantenerse
porque sufre el acoso de los otros.
La que mira hacia atrás y se deslumbra.
La que mira hacia abajo, avergonzada,
y aquella que tan solo mira dentro
y descubre tesoros en lo oscuro.

La *mirada* del cielo que, impasible,
ofrece su indolencia por respuesta.
La *mirada* extraviada de los místicos.
La que es muy cobarde e, indecisa,
malogra la intención de la fortuna.
La que siembra arrogancia y es perversa.
La que ignora la magia que posee
y esa otra que huye si la miran.
La que deja su luz donde se posa.

PASOS

Los *pasos* inquietantes del deseo
que llegan, presurosos, a mis brazos.
Los *pasos* detenidos de la duda.
Los que dejan tras ellos, cuando pasan,
el rastro de un aroma que recuerdas.
Los que resuenan, graves, en los templos.
Aquellos de quien ya no puede andar,
pero recorre el mundo en su memoria
y esos otros que vienen del ayer
con el fin de ampliar su patrimonio.

Los *pasos* temerosos de quien lleva
el peso de la culpa que le oprime.
Tus *pasos* y mis *pasos* que confluyen.
Los que gimen y llevan en sus hombros
el cuerpo sin calor que nada expresa.
Los que regresan tarde y nos ofenden.
Los que en vez de sandalias tienen alas.
Aquellos que tropiezan, los primeros.
Los últimos, que llevan al cadalso.

Los *pasos* de la muerte que se acercan,
merodean, acechan, nos persiguen.
Los *pasos* recordados del ausente.
Los que llevan, confiados, al altar,
convencidos de ser determinantes.
Los que se oyen de lejos y amenazan.
Los que siempre delatan al que huye
y esos otros, inviables, que quisieran
desandar el trayecto recorrido.

Los *pasos* de la tarde que, secretos,
se adentran en el bosque más umbroso.
Los *pasos* que despiertan tu conciencia.
Los que alientan la fe del peregrino.
Esos *pasos* del sueño, sigilosos,
que llegan de improviso a rescatarnos
y aquellos, del demonio, que no escucho
pero está por aquí, porque anda suelto.
Los que vienen y van y nunca cesan:
esos pasos de todos y de nadie.

LUCES

La *luz* que en el principio diera forma
al mundo adormecido, que soñaba.
La *luz* que exilia el miedo de los niños.
La que filtra el cristal de la vidriera
y adquiere la semblanza de un enigma.
La que al bañar las cosas les da nombre.
La que muestra, solícita, el camino
y esa otra que asedia a los enfermos
que buscan su acomodo en la penumbra.

La *luz* de la memoria que es un faro
que alumbra por el tiempo a los nostálgicos.
La *luz* de la verdad, que purifica.
La que pone el pintor sobre las cosas
y en su pincel anida cual prodigio.
La que guarda en su alma el desterrado.
La *luz* que, con sigilo, se adelgaza
y atraviesa el resquicio de una puerta
y aquella que discrepa de la noche,
a la que tanto debe, sin embargo.

La llave que es la *luz* y abre el día
y llama, impacientada, a mi ventana.
La indescifrable *luz* de los misterios.
La que viene del cielo a liberarnos
y, al pretender su gracia, se diluye.
La que alberga, en su seno, la semilla
y habrá de iluminar cuando dé fruto.
La que viene a ofender al melancólico
y esa otra que trae el conocimiento.

La cotidiana *luz* que despreciamos
como se menosprecia lo que abunda.
La *luz* ensimismada de la mente.
La que llega, secreta, con el alba
y proscribe a la sombra de su reino.
La que mana del pan cuando se abre
y aquella que es la novia del verano.
La *luz* que resucita cada día.

SILENCIOS

El *silencio* de un niño que, asustado,
se descubre perdido entre las sombras.
El *silencio* abatido del insomne.
El que es una trampa en la que caen
las palabras que ahora estoy diciendo.
El que abraza la tumba entre sus muros.
El que limpia la mugre del lenguaje
y aquel que nos expresa lo indecible.

El *silencio* del miedo que amenaza
y a menudo consigue intimidarnos.
El *silencio* obstinado del ausente.
El de antes de nacer, igual al último.
El que llega, arrogante, como un buitre
y se posa en los labios de los muertos.
El que viene después de la tormenta,
devolviendo la paz que se llevó
y ese otro de aquel que nada dice
porque sabe que nada ha de librarle.

El *silencio* que antes de dormirnos
acomoda su cuerpo junto al nuestro.
El *silencio* de un beso mientras dura.
El del libro olvidado en el estante
y el que me reconstruye si me rompo.
El que habrá de heredar mi vida toda
y ese otro que instruye al solitario.
Aquel que precedió a la luz del mundo
y el que vendrá a reinar después del fin.

El *silencio* sagrado de los templos
que semeja al del fondo de los mares.
El *silencio* inquietante del futuro.
El que salta y se rompe de mañana
con el canto primero de los pájaros
y ese otro, dialecto de mi voz.
Tu *silencio*, lector, que, mientras lees,
va tomándole el pulso a mi escritura.
El que guarda la noche, el que se instala
tras el verso final que me silencia.

Y rendiremos cuentas por lo que no dijimos.

La Fea Burguesía
— EDICIONES —

Este libro, *Hojarasca*,
se acabó de imprimir en mayo de 2025

COLECCIÓN POESÍA

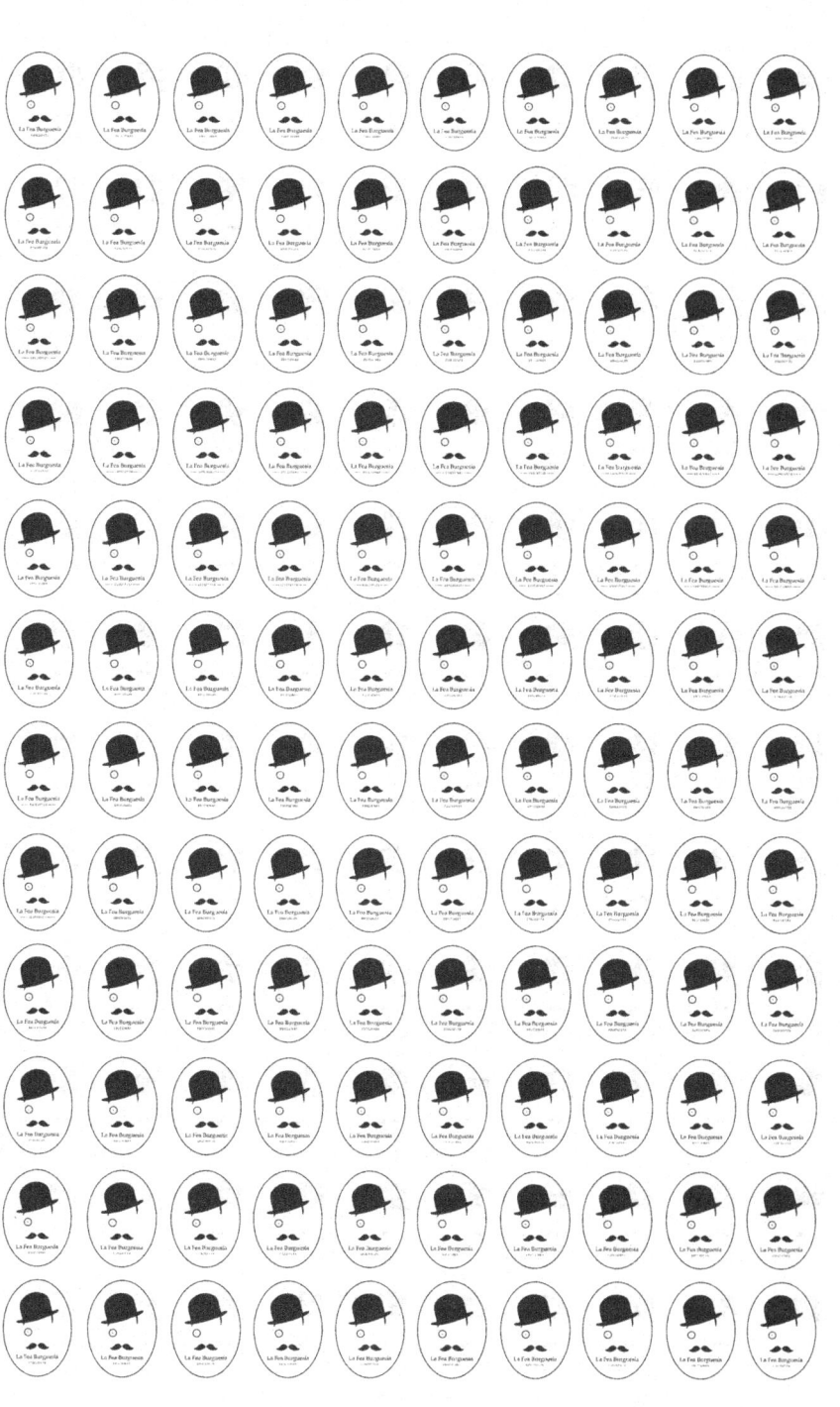

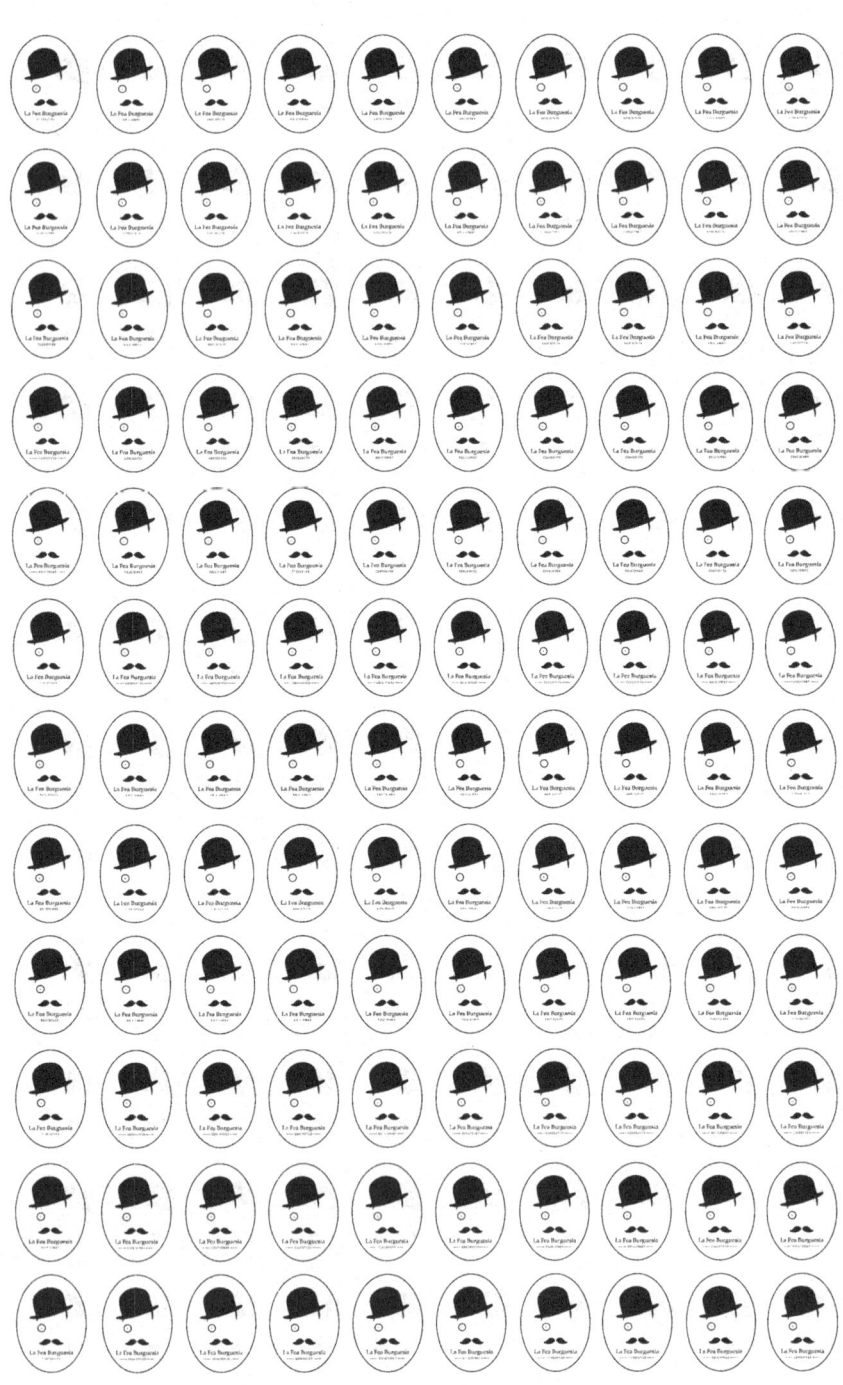